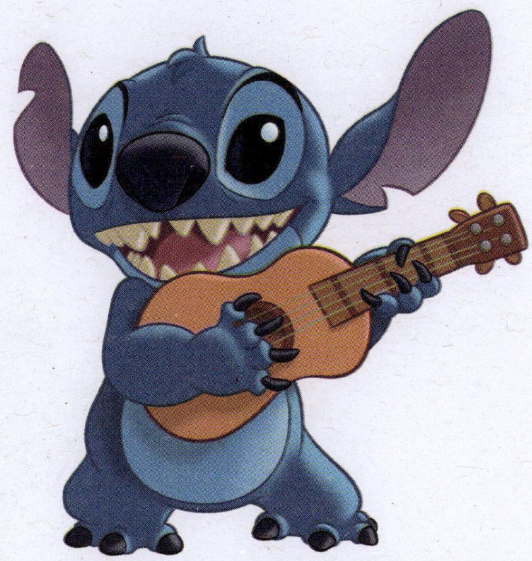

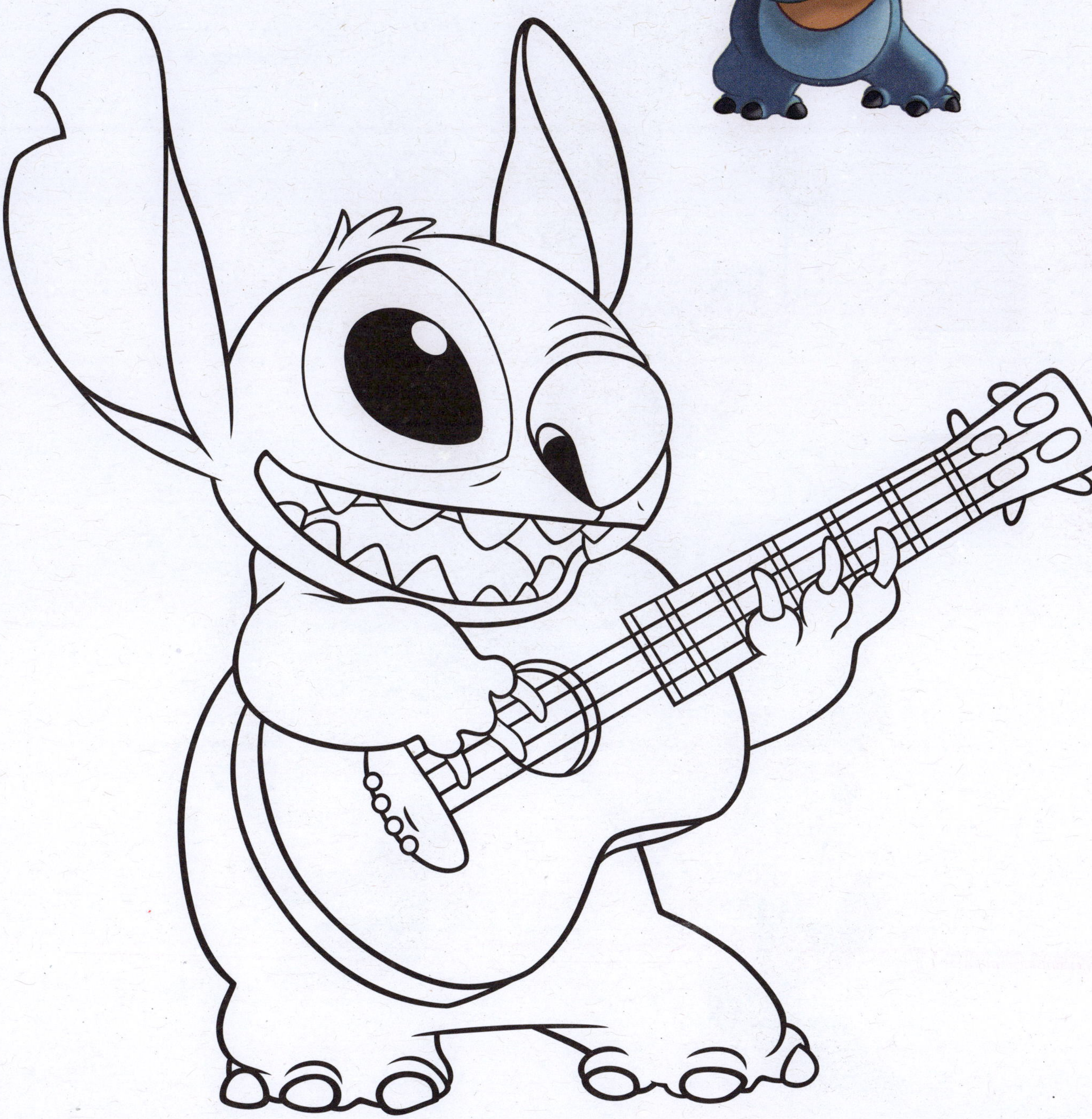

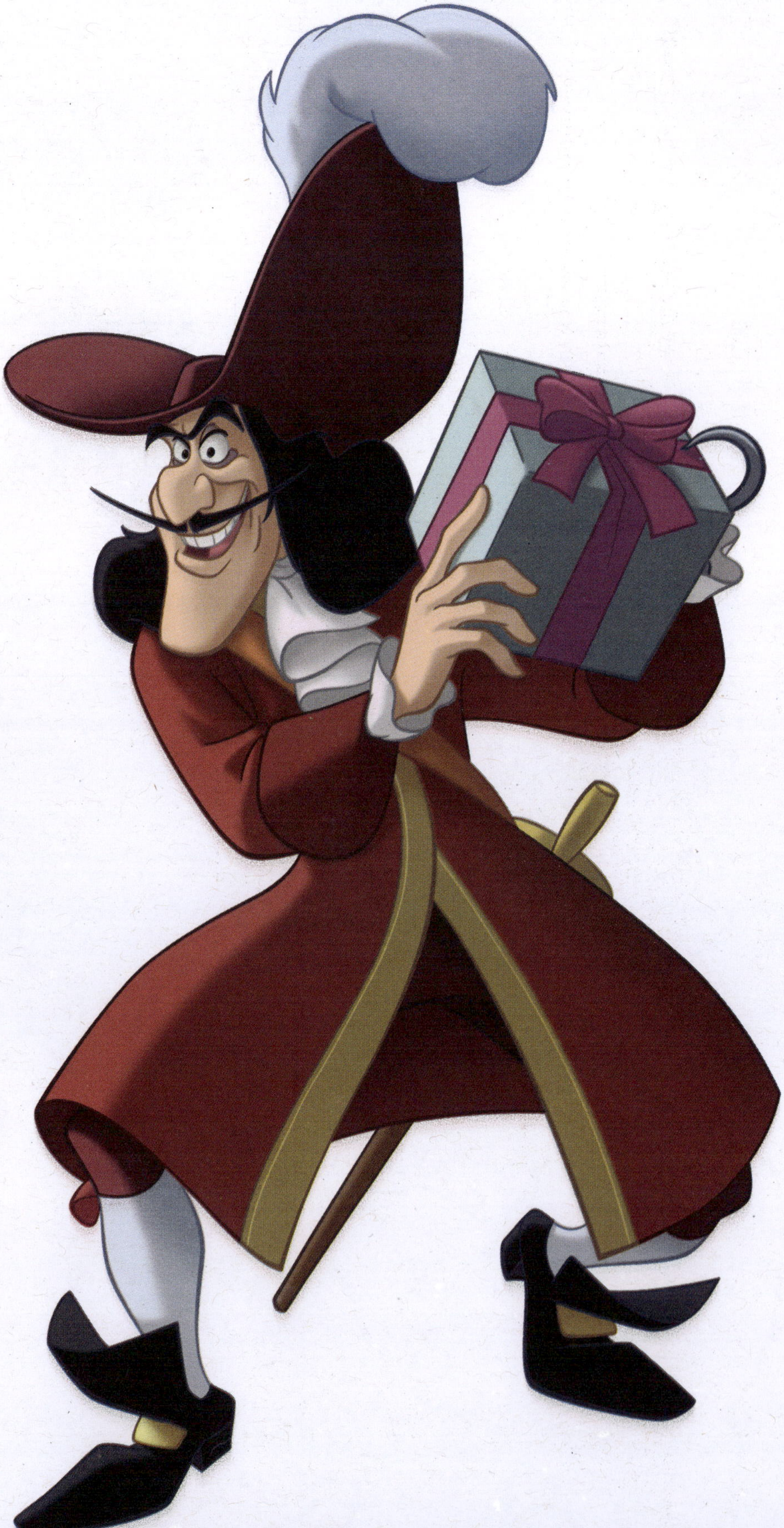

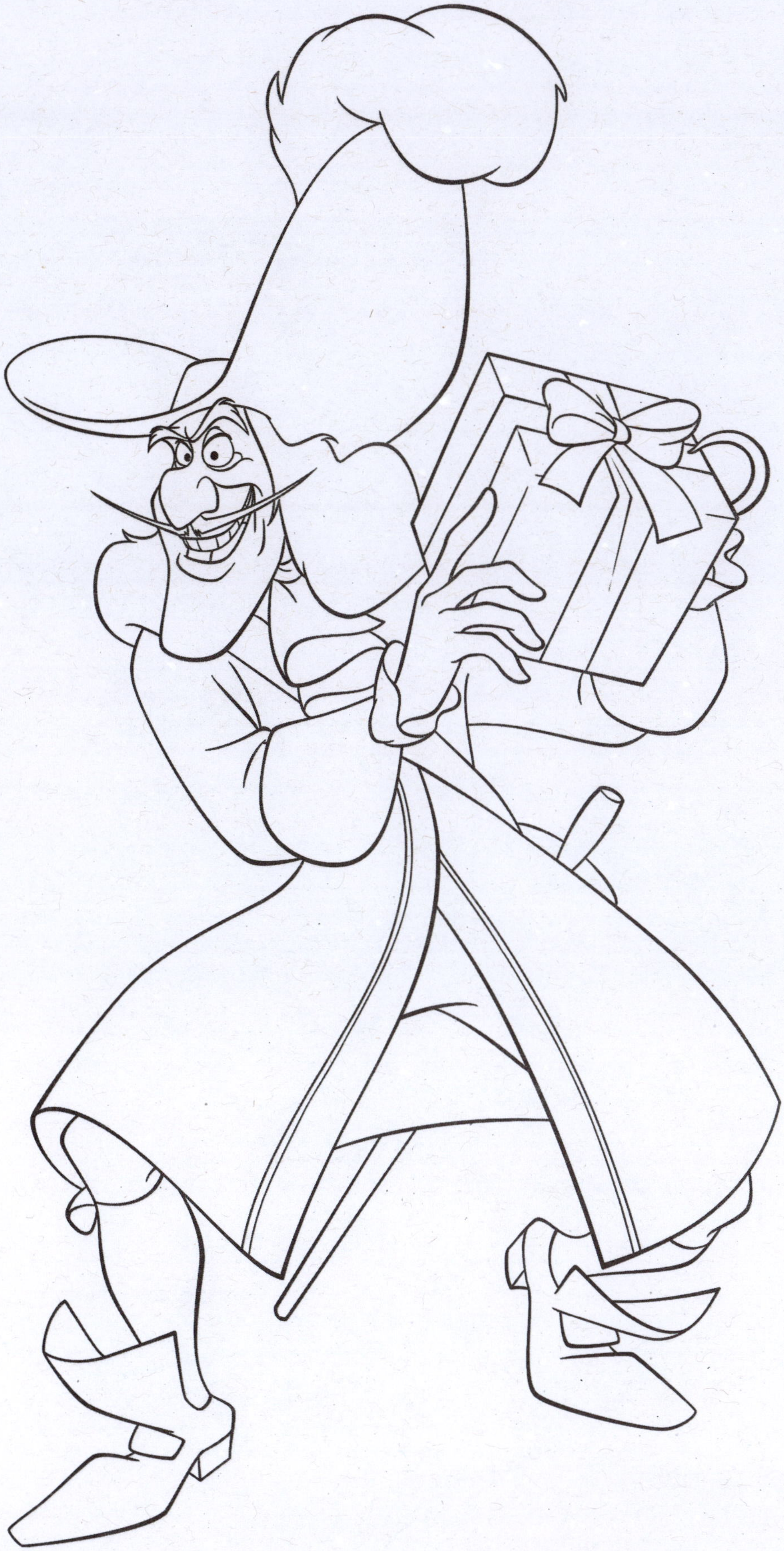

Elsa

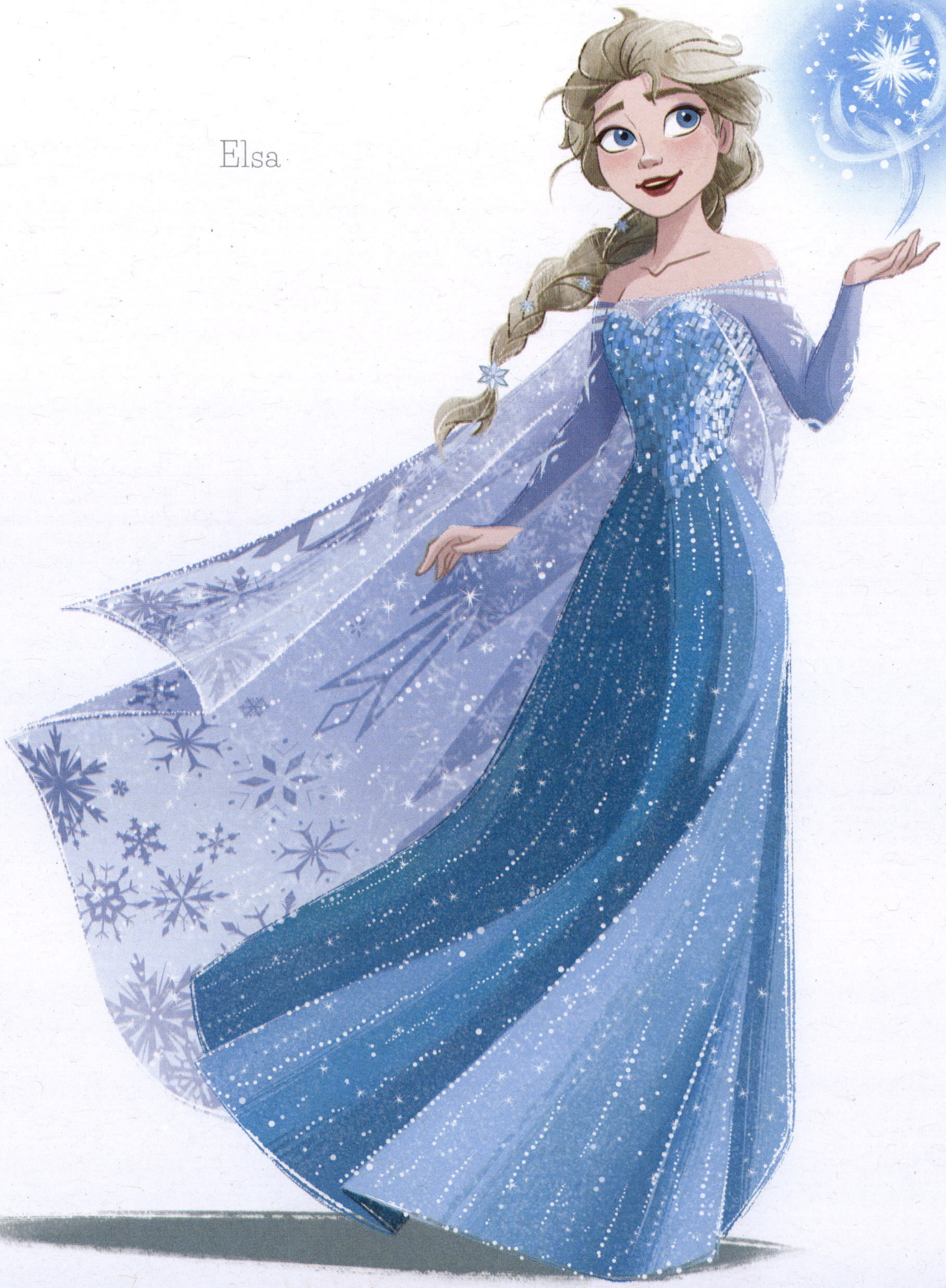

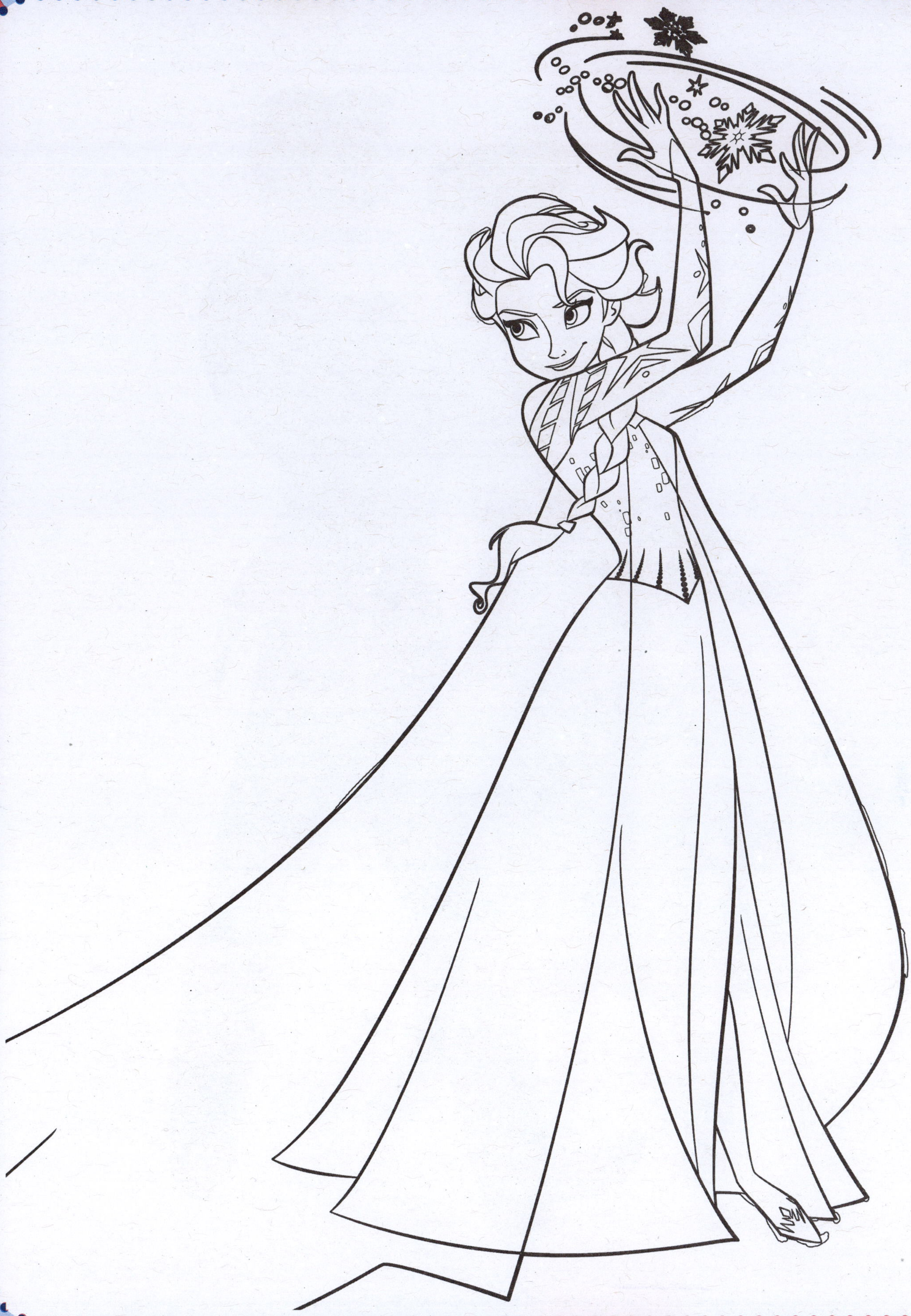

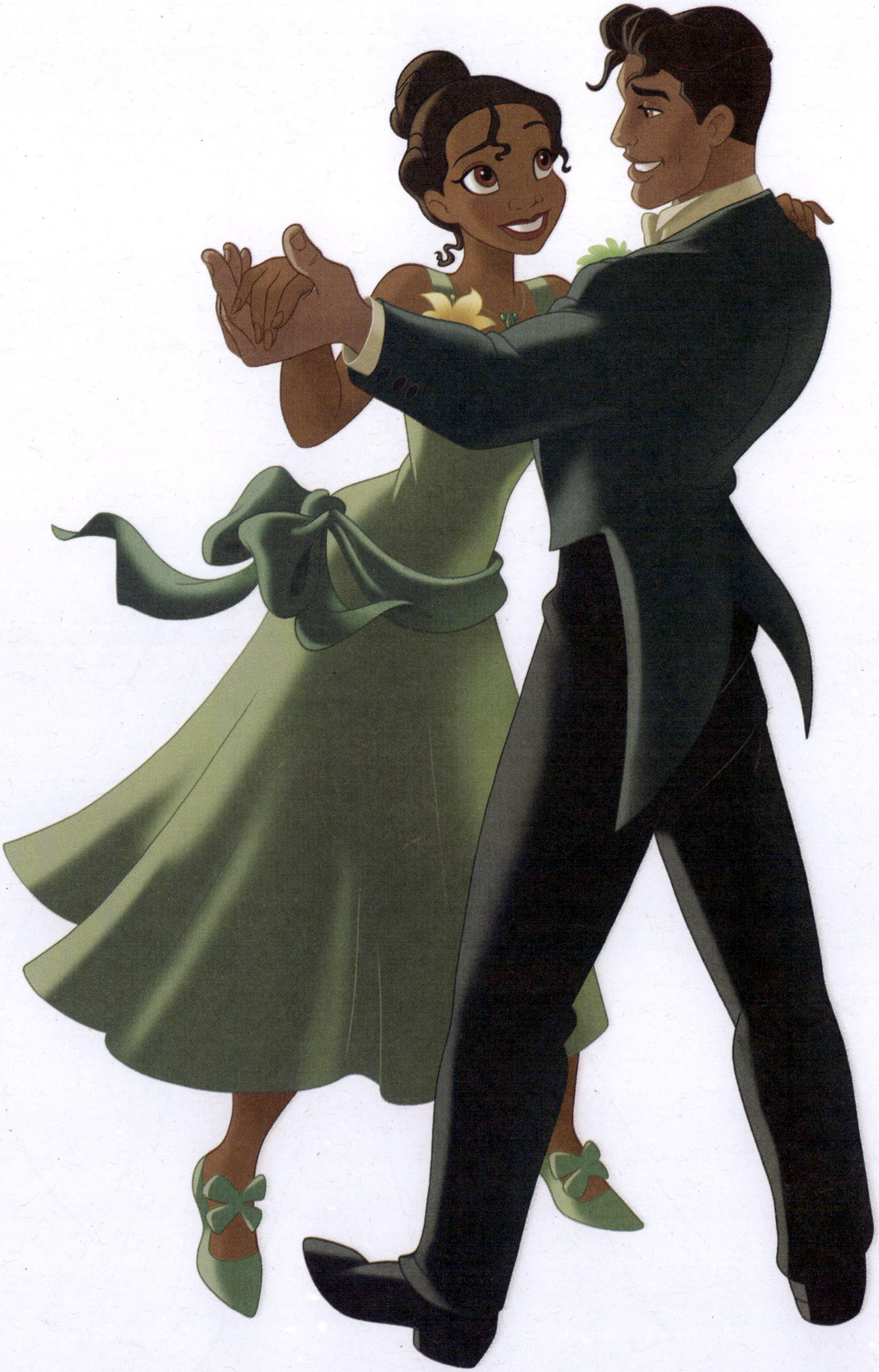

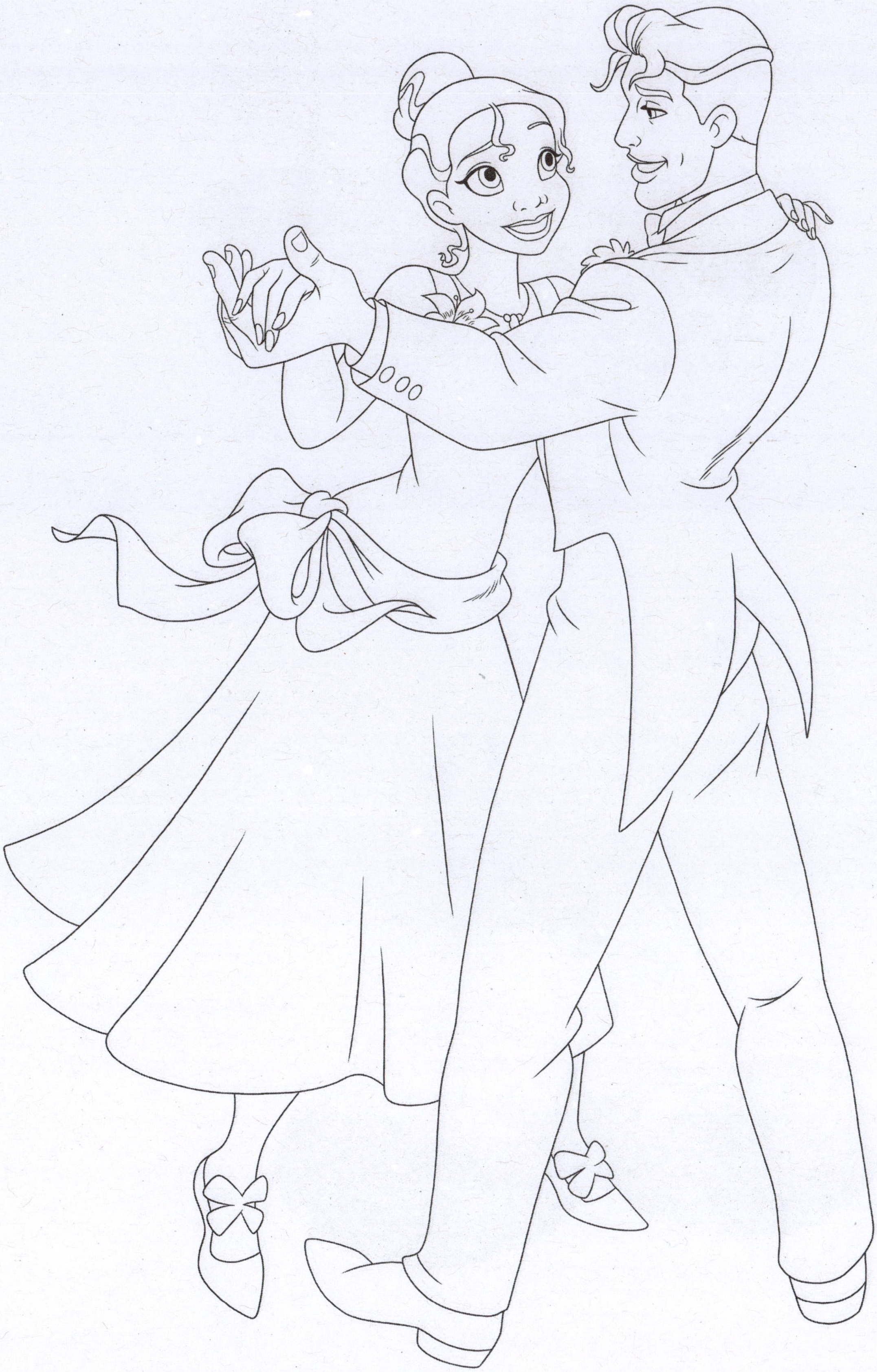

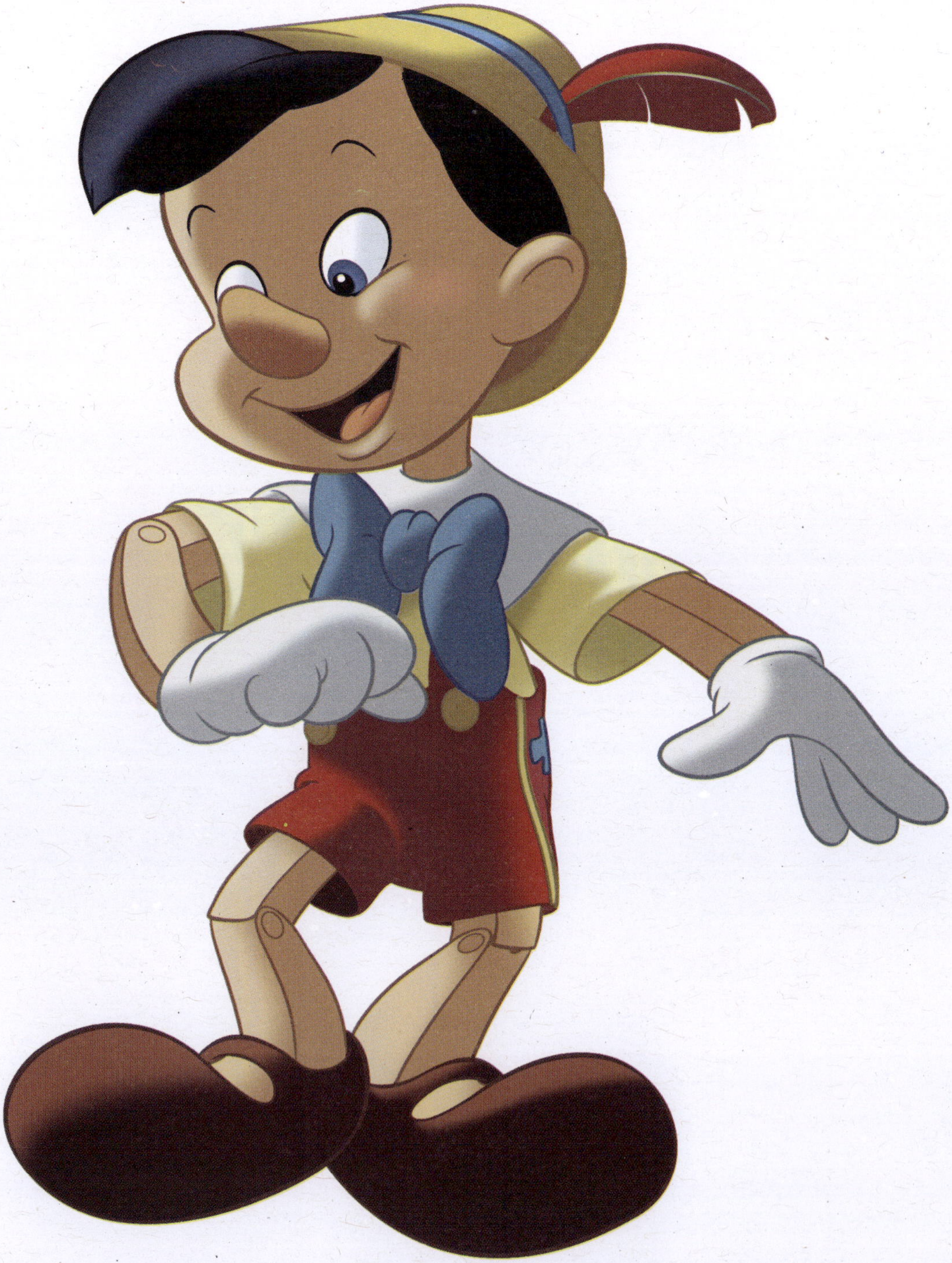

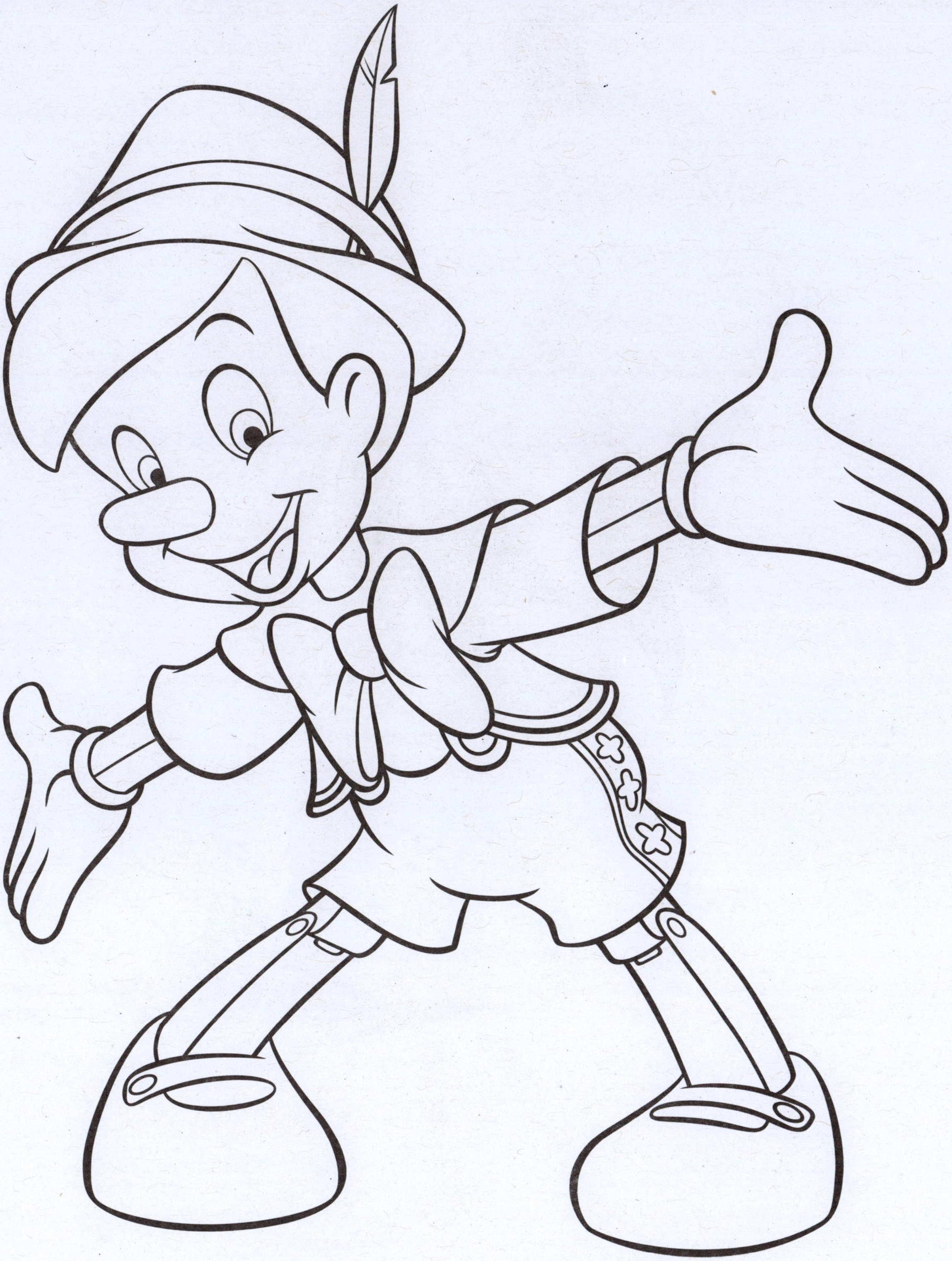

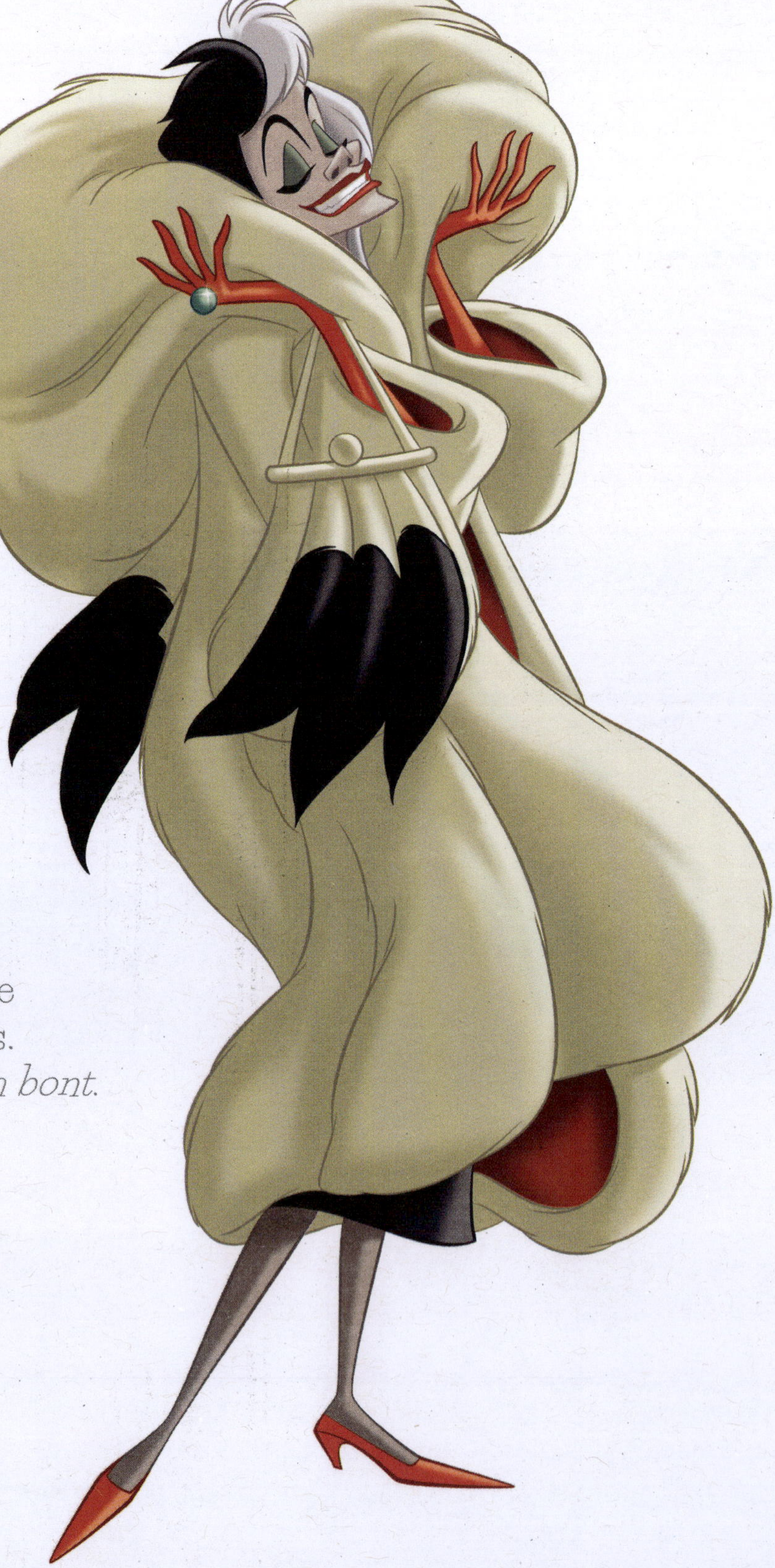

Cruella adore
les fourrures.
Cruella houdt van bont.

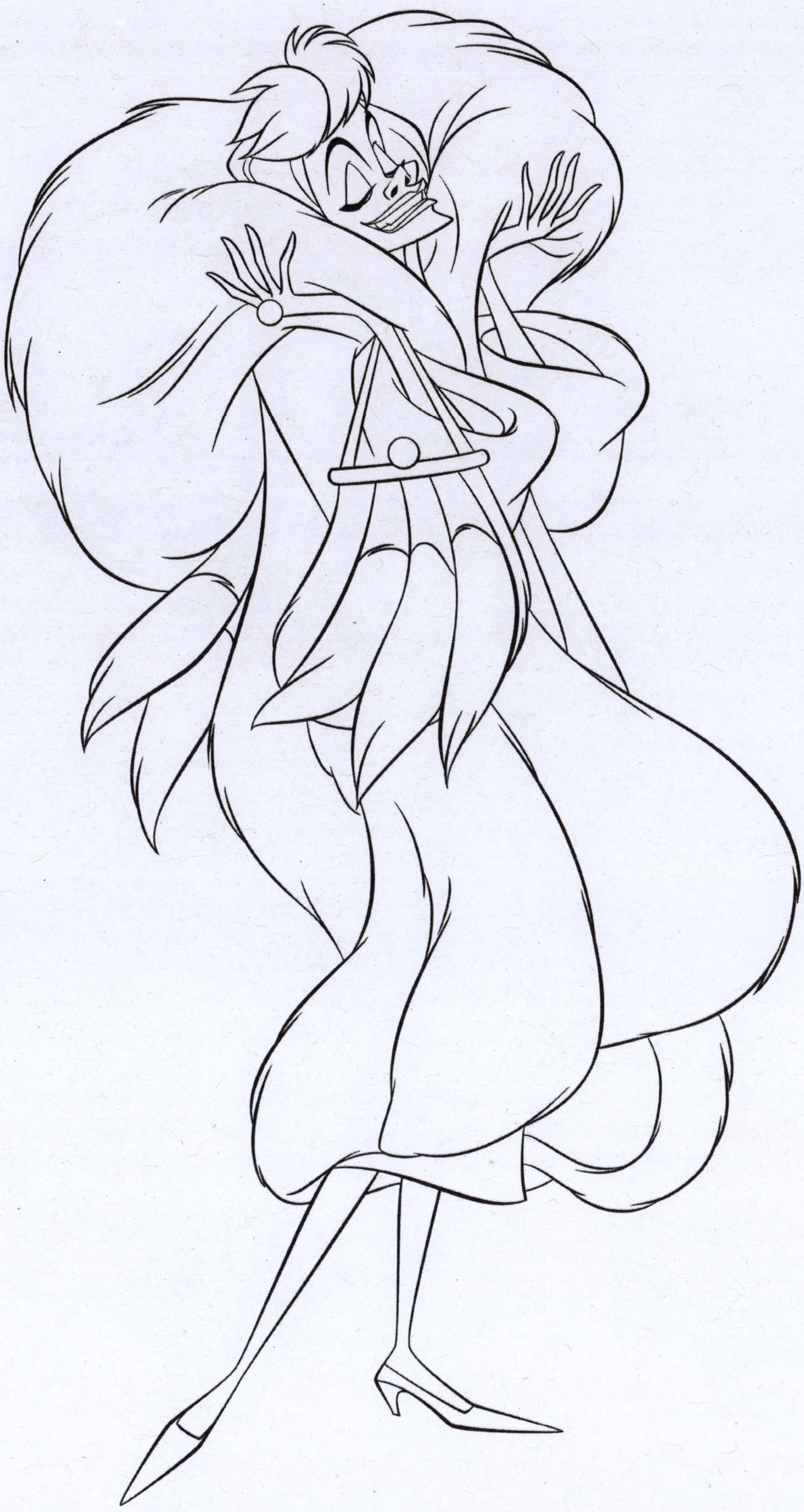

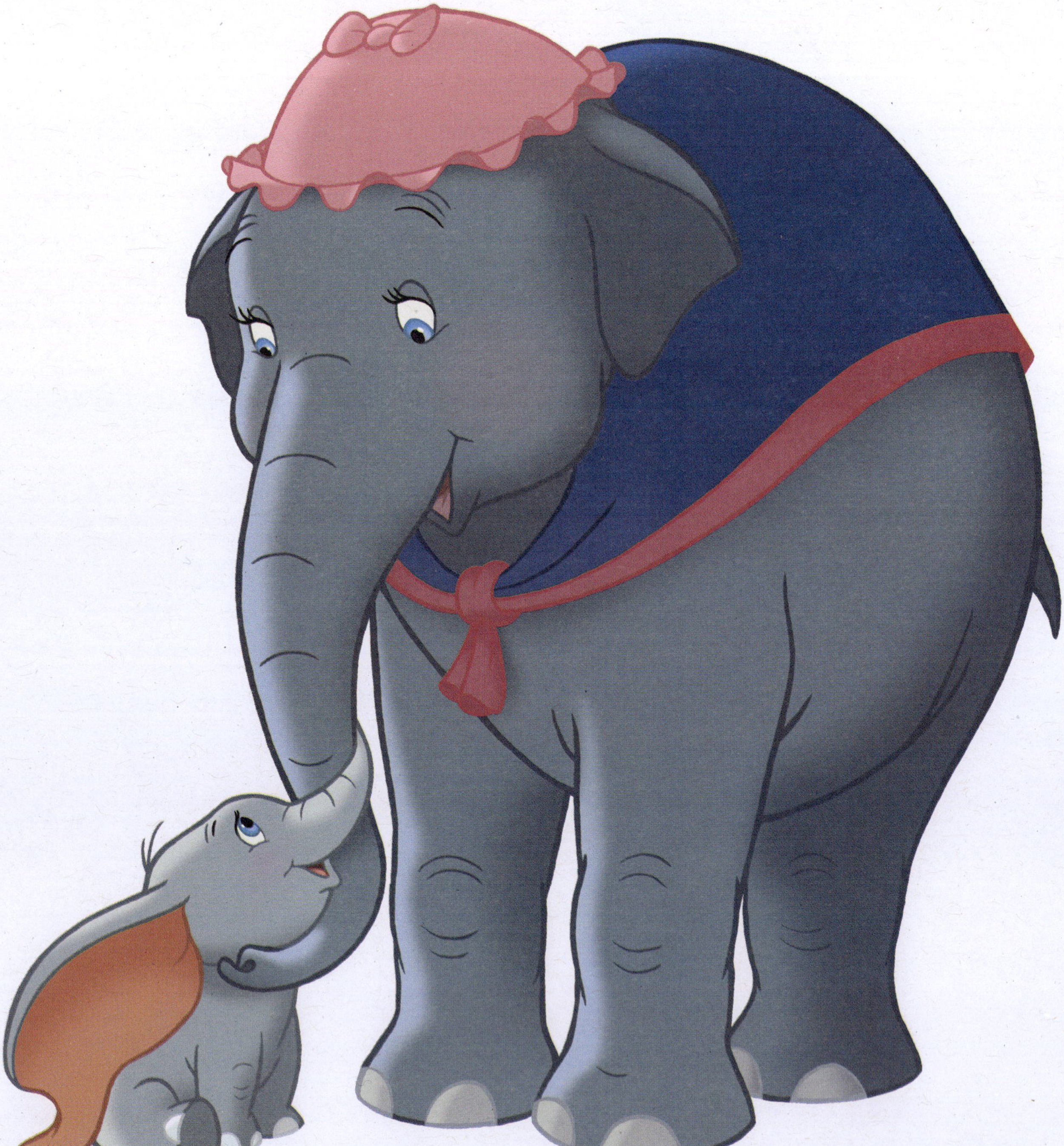

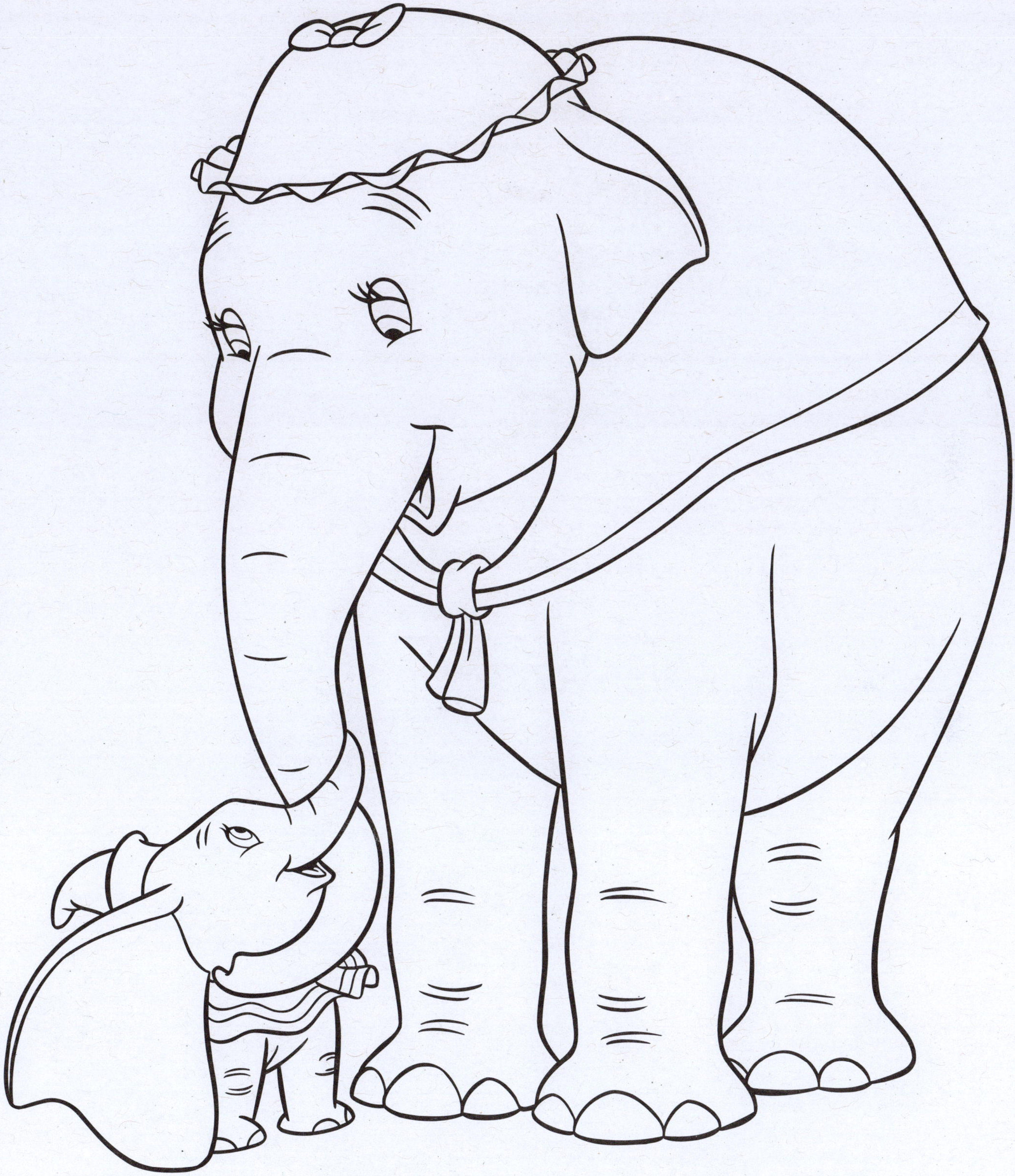

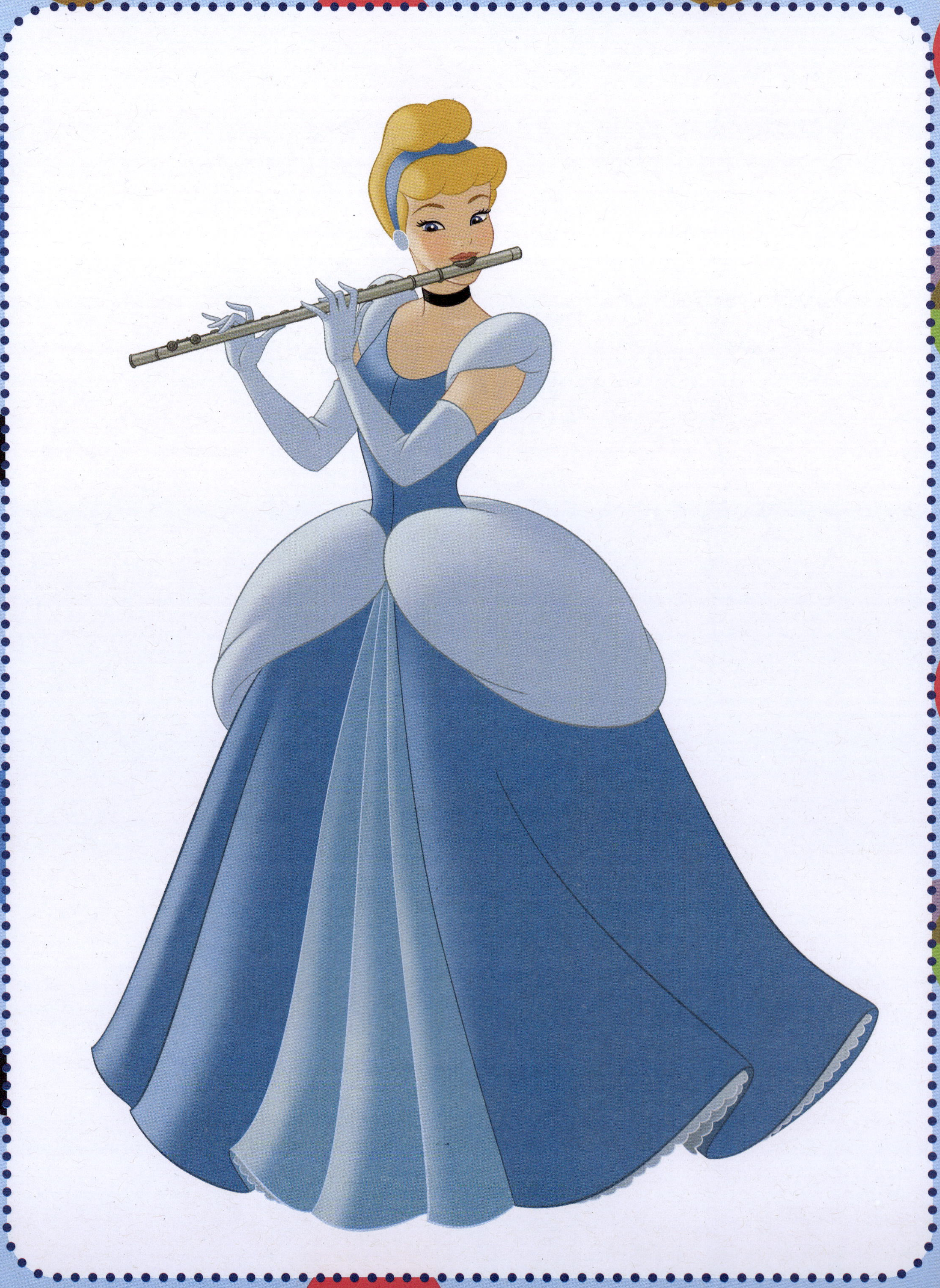

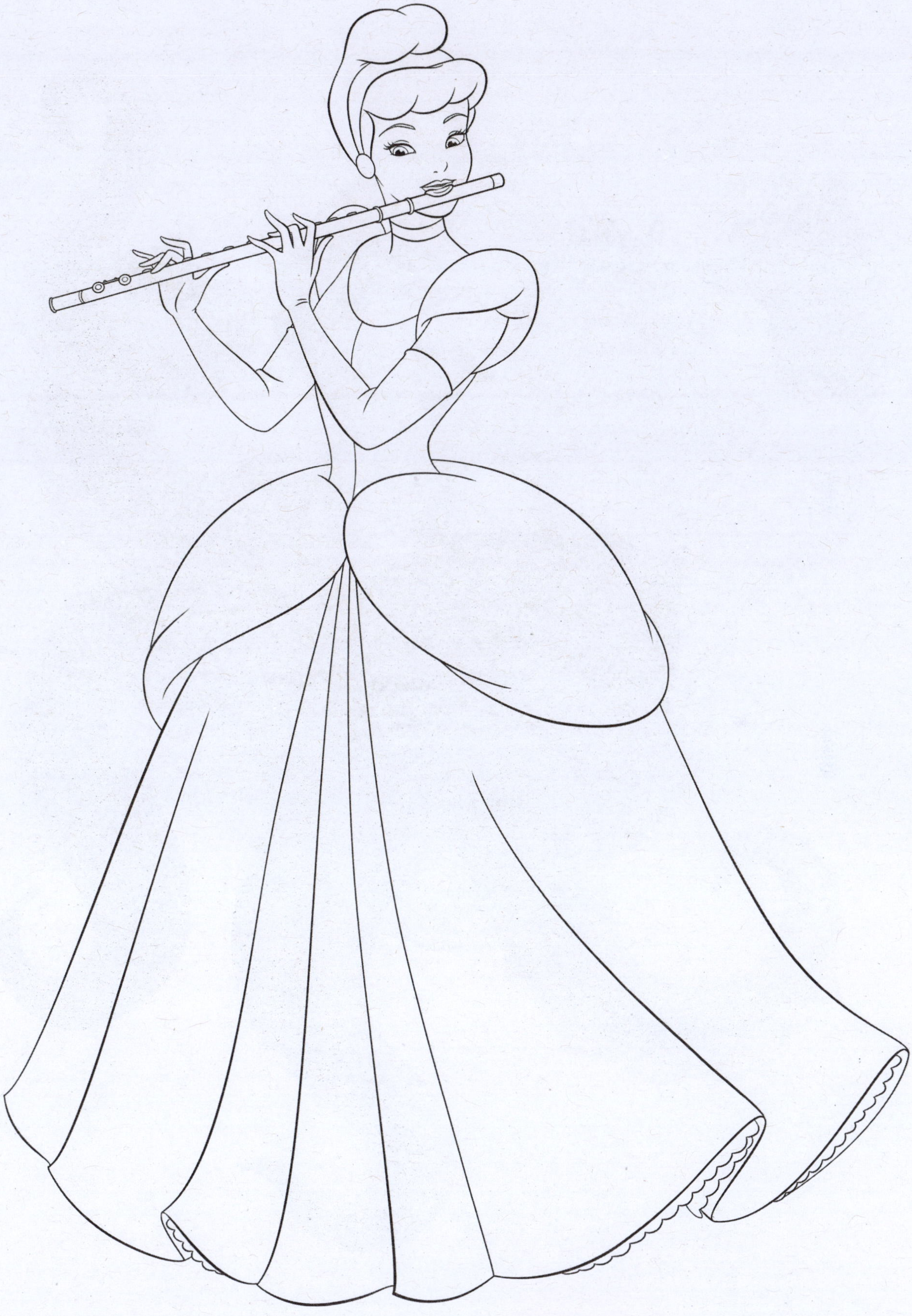

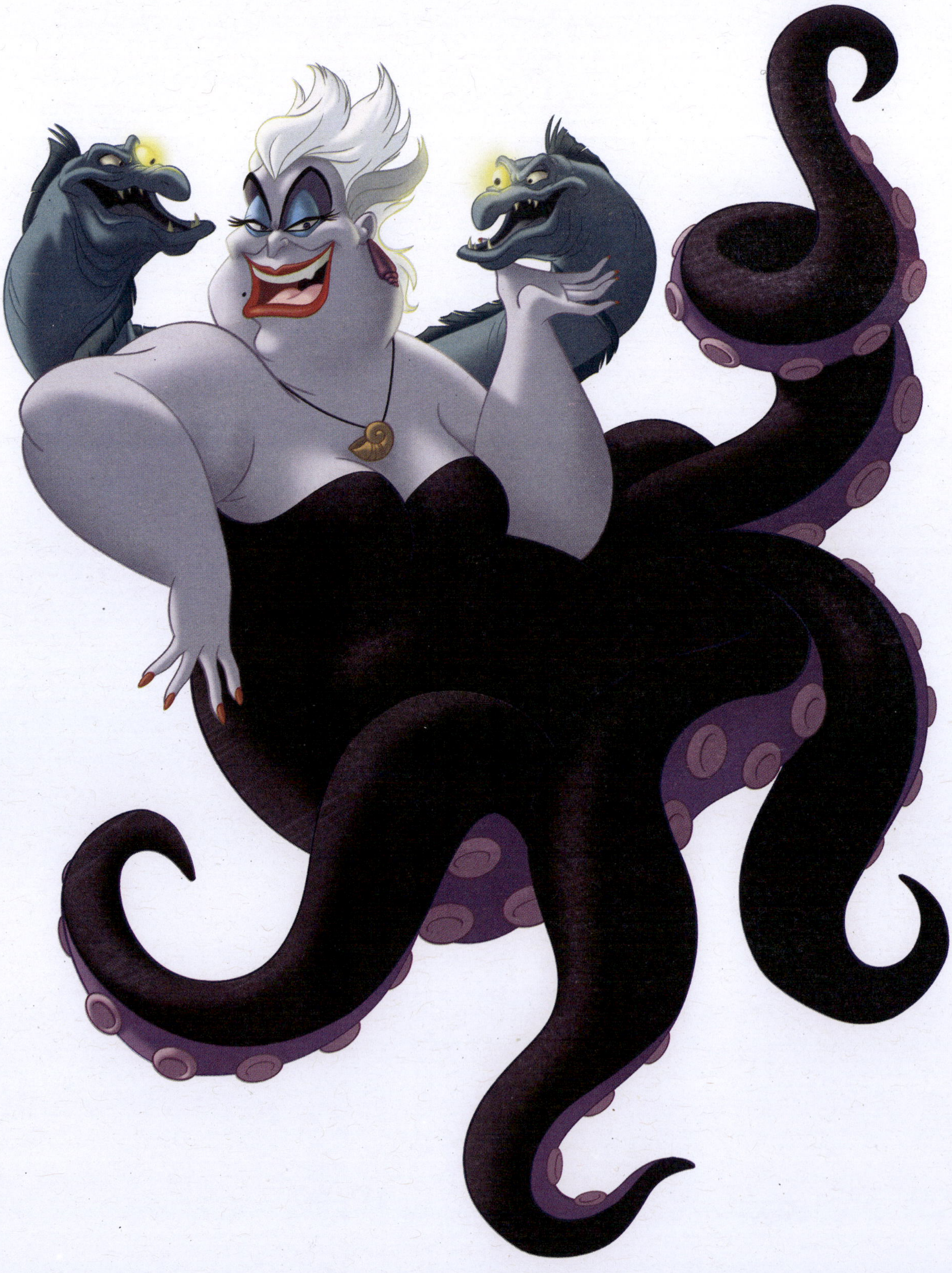

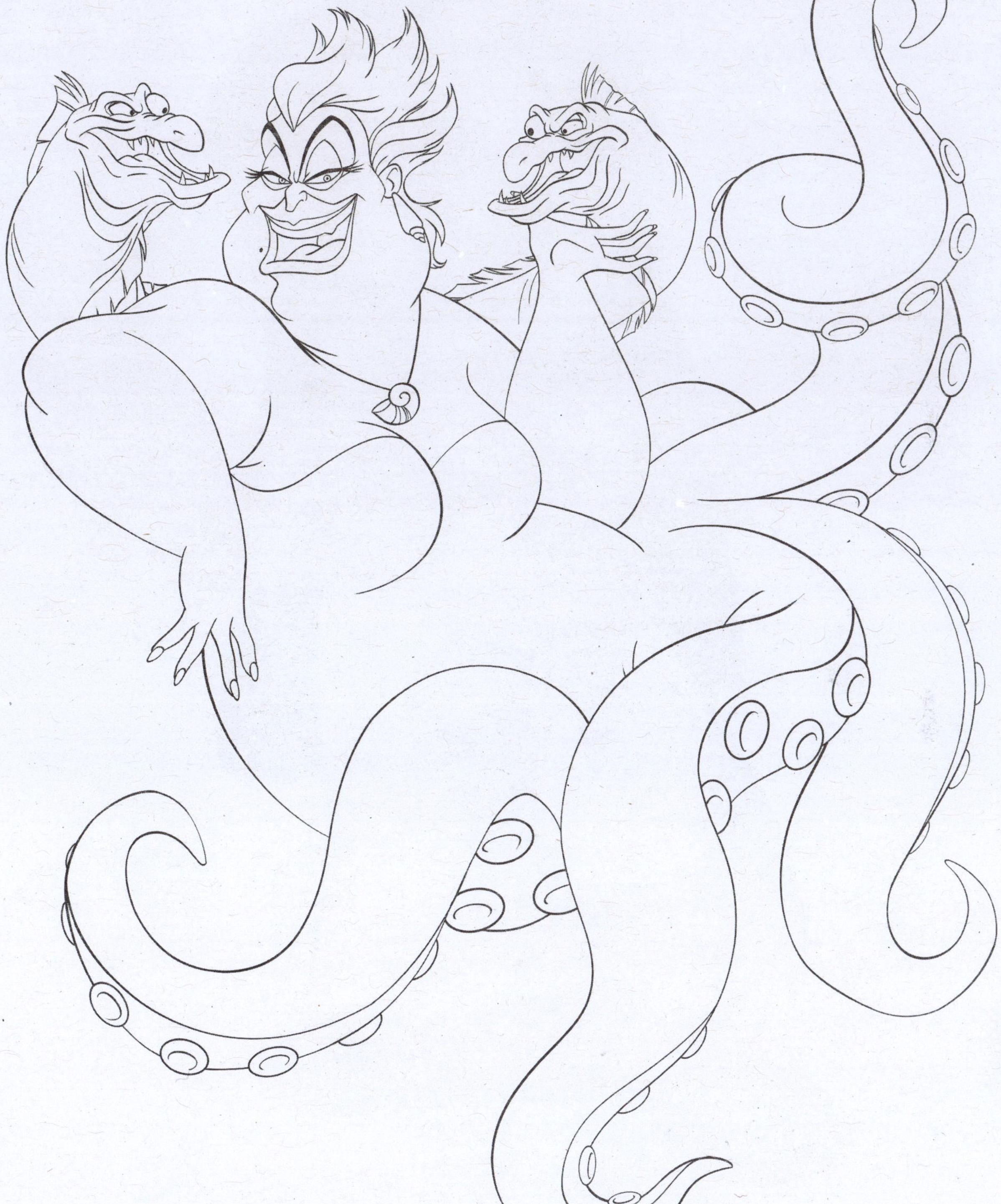

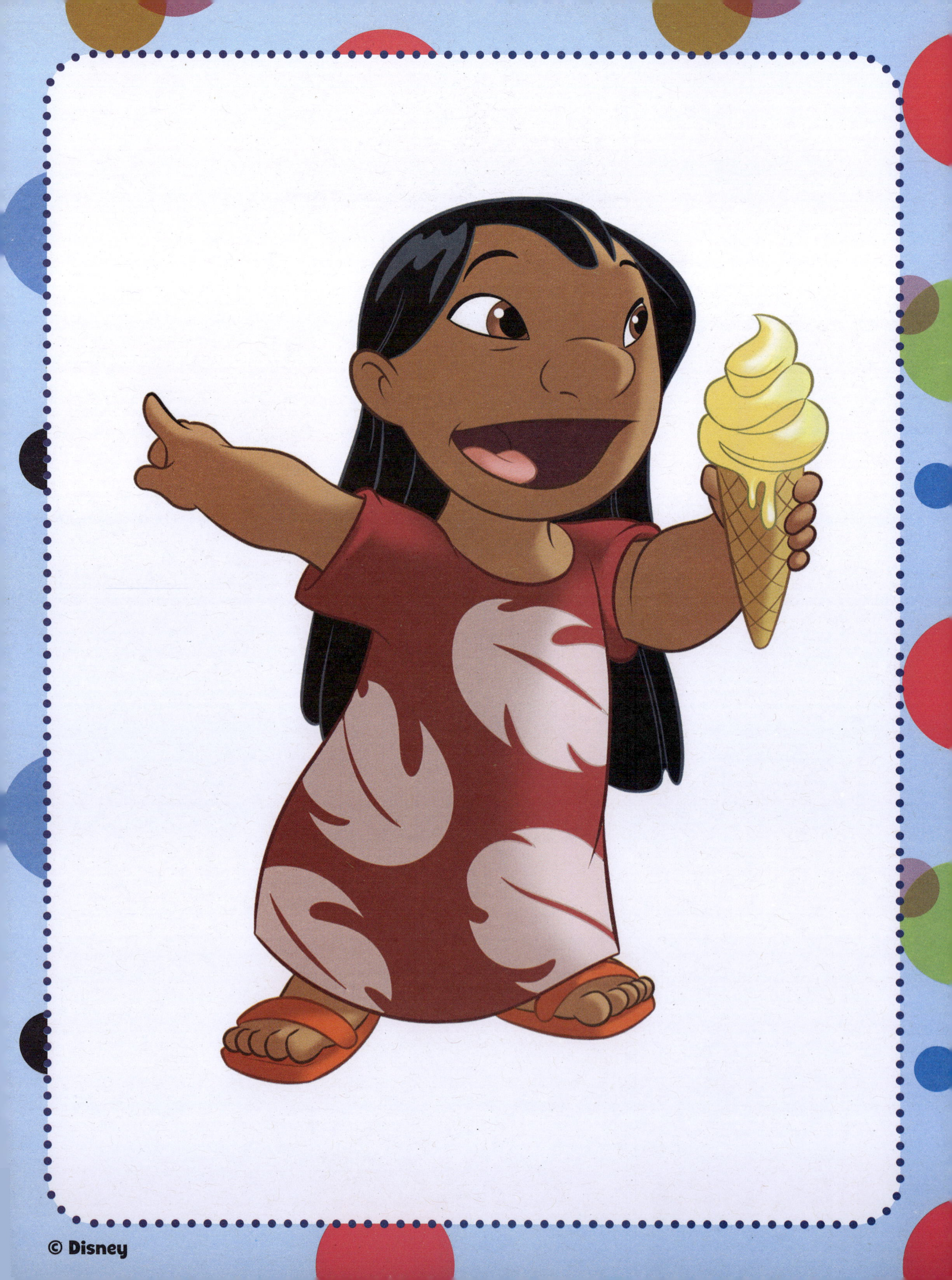

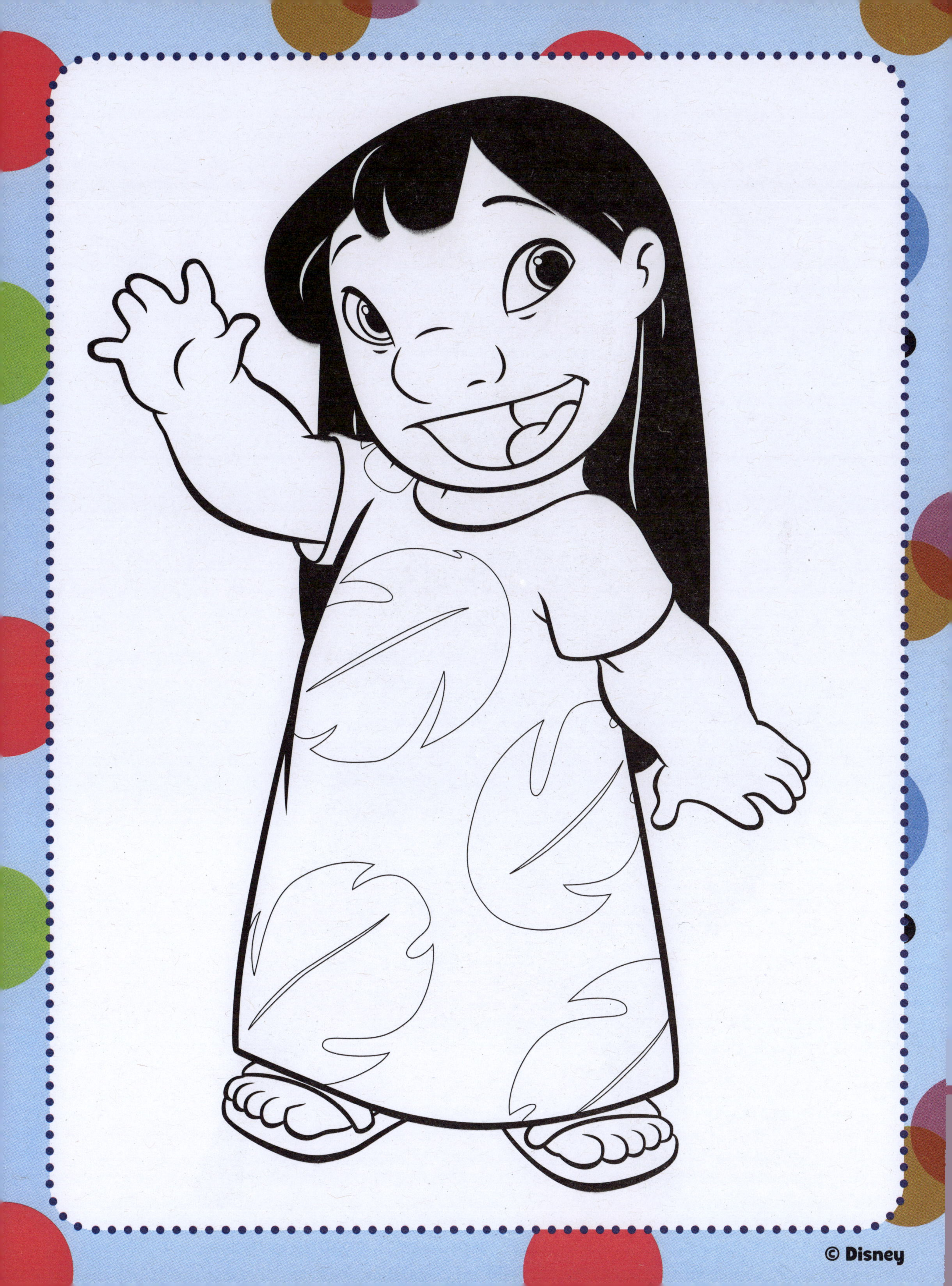

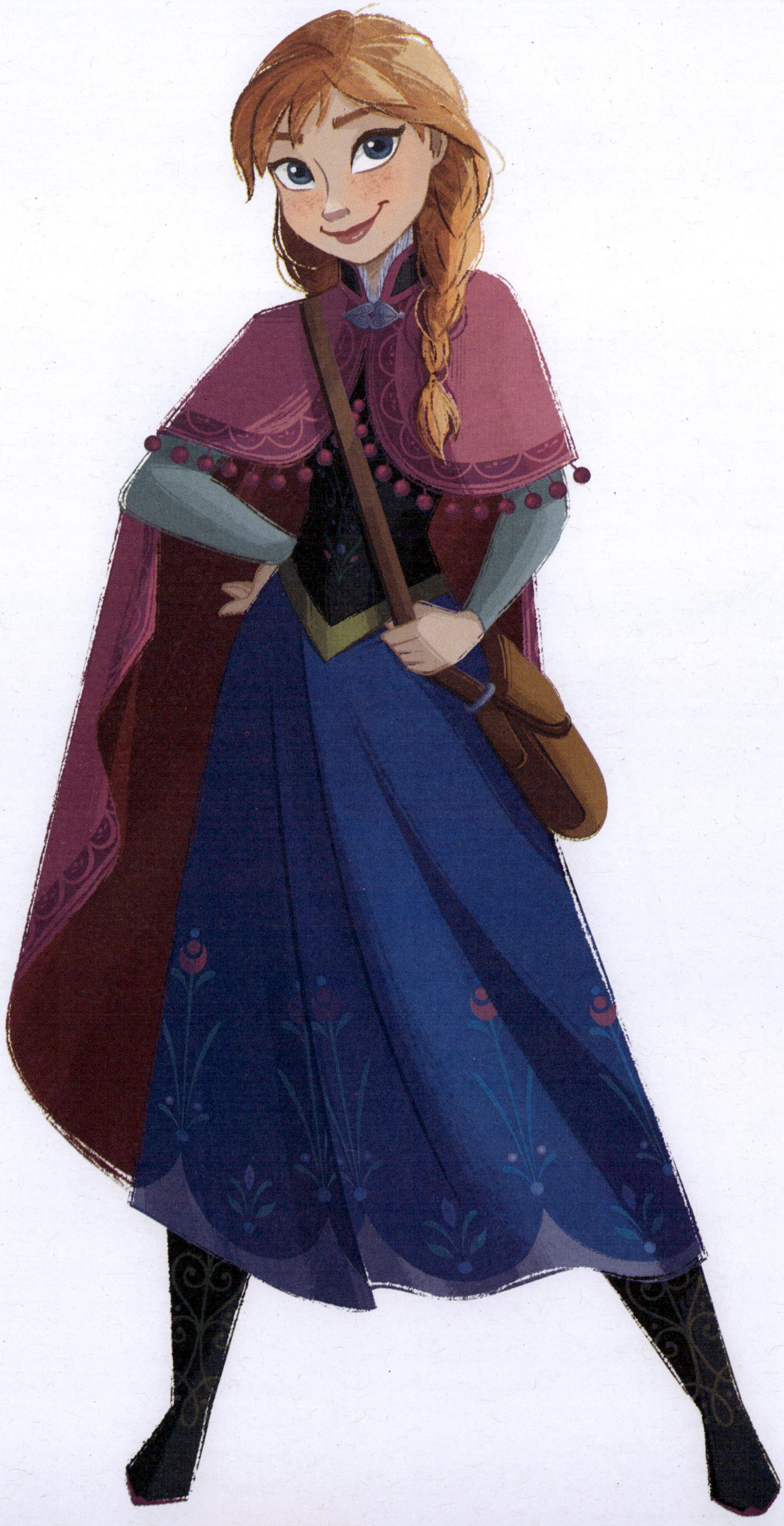

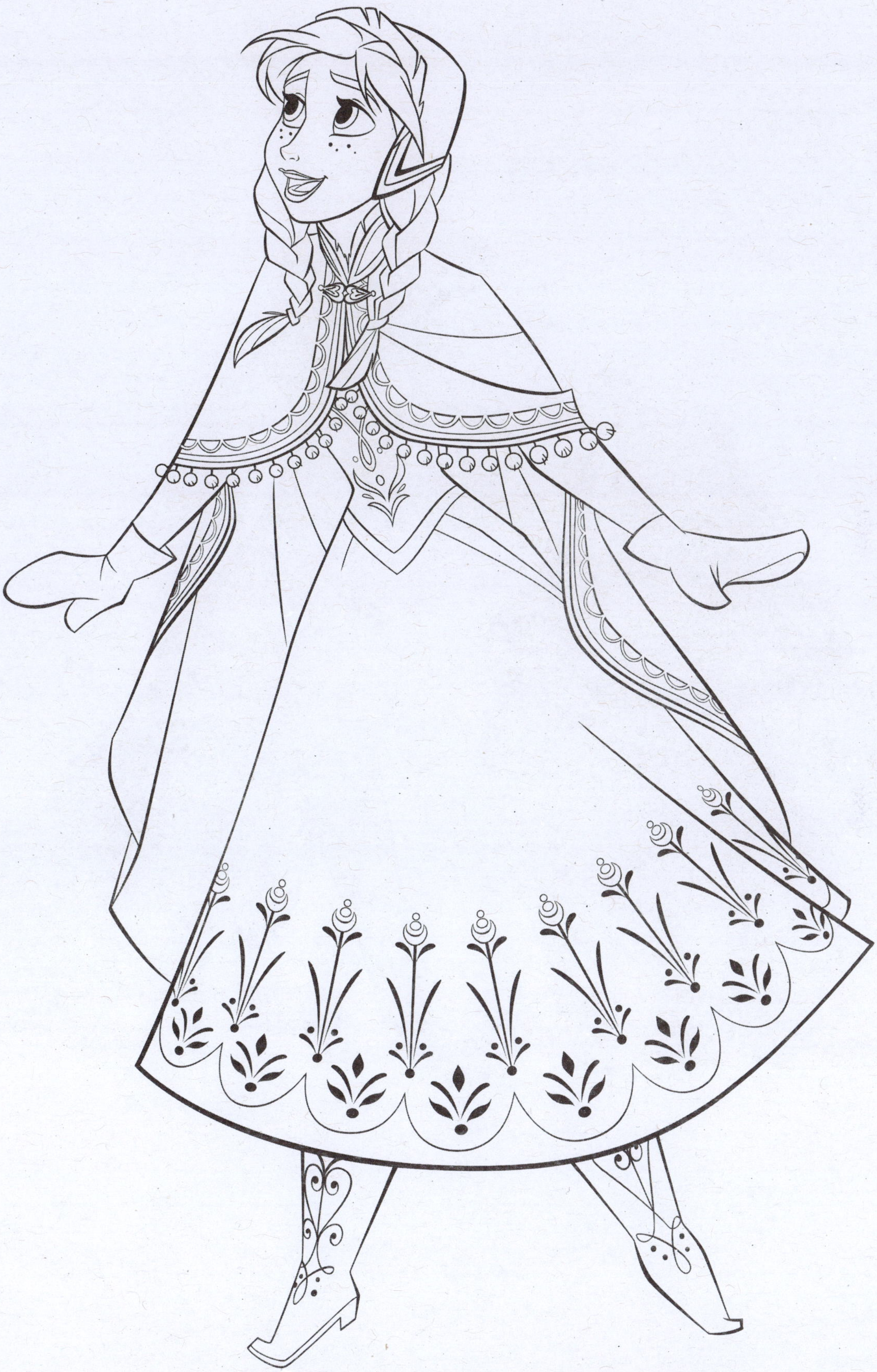

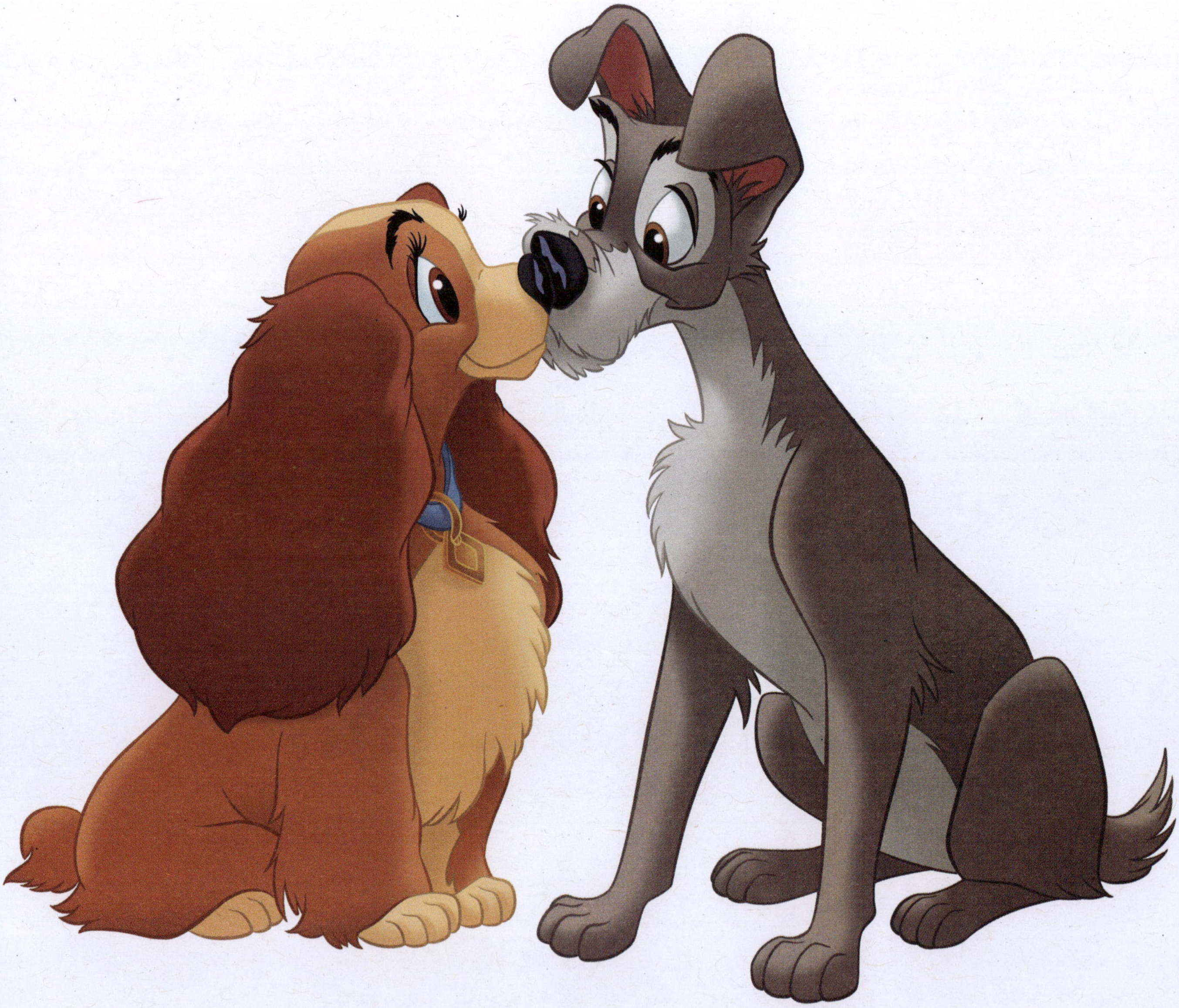

Un petit bisou !
Een kusje!

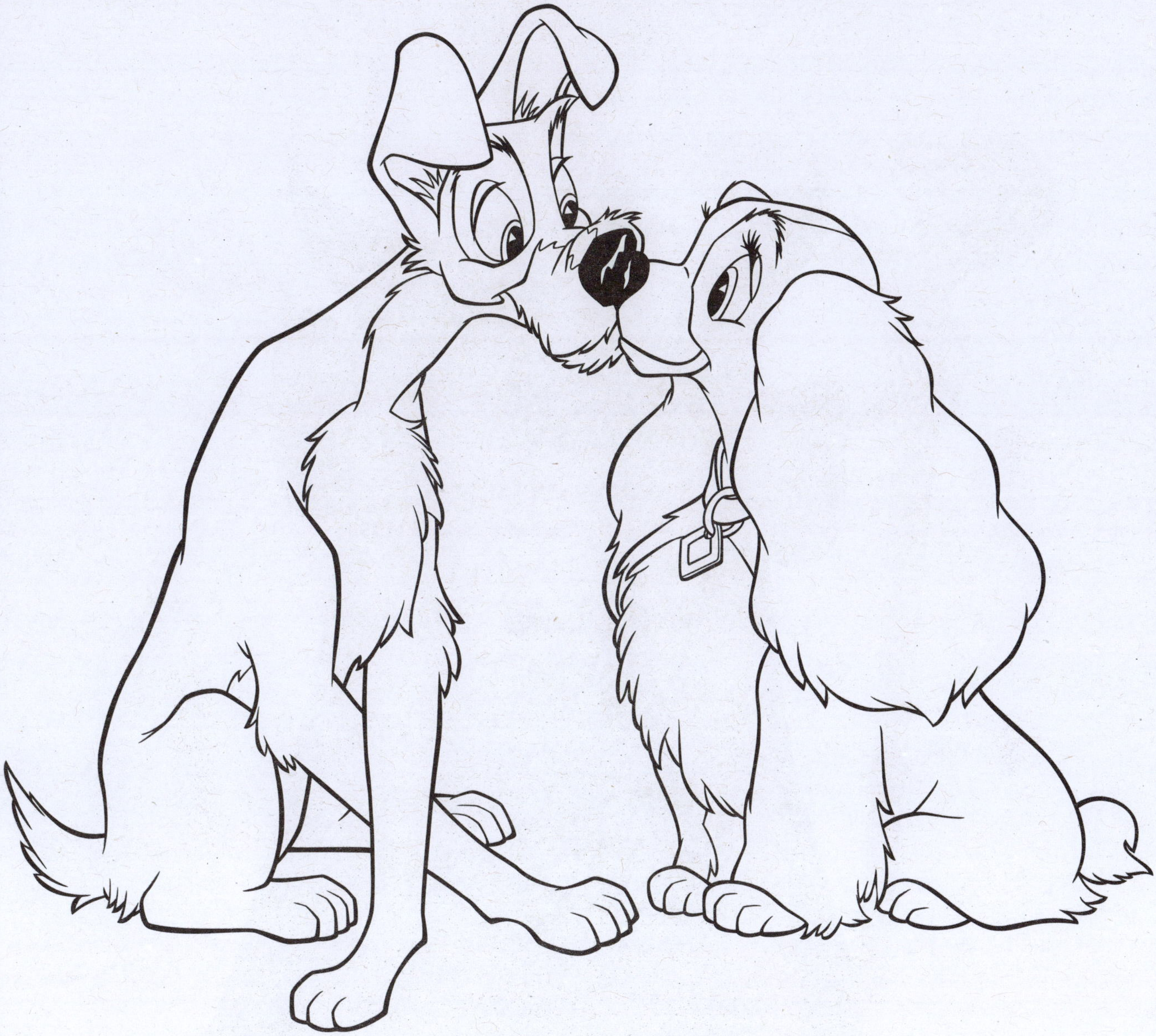

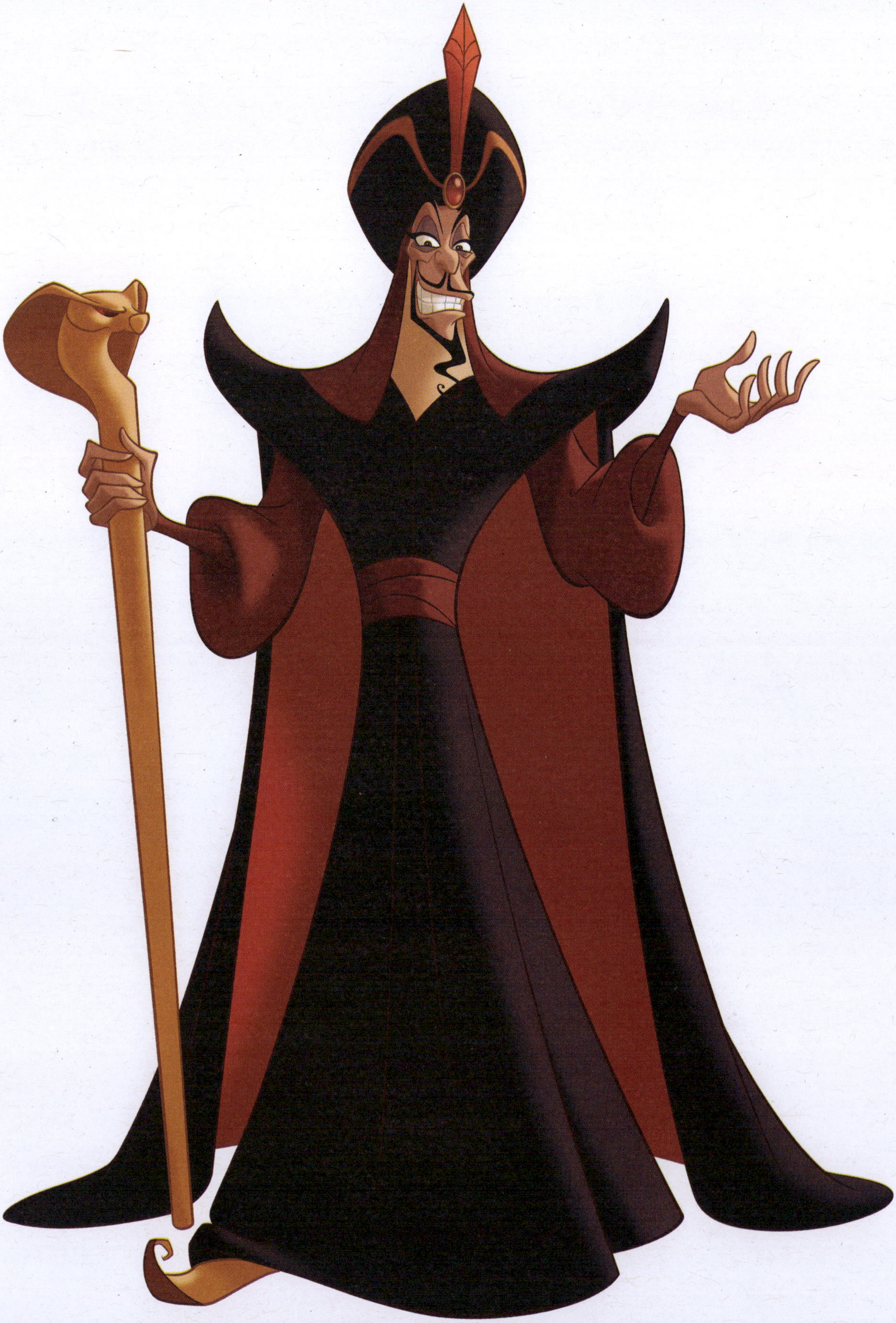

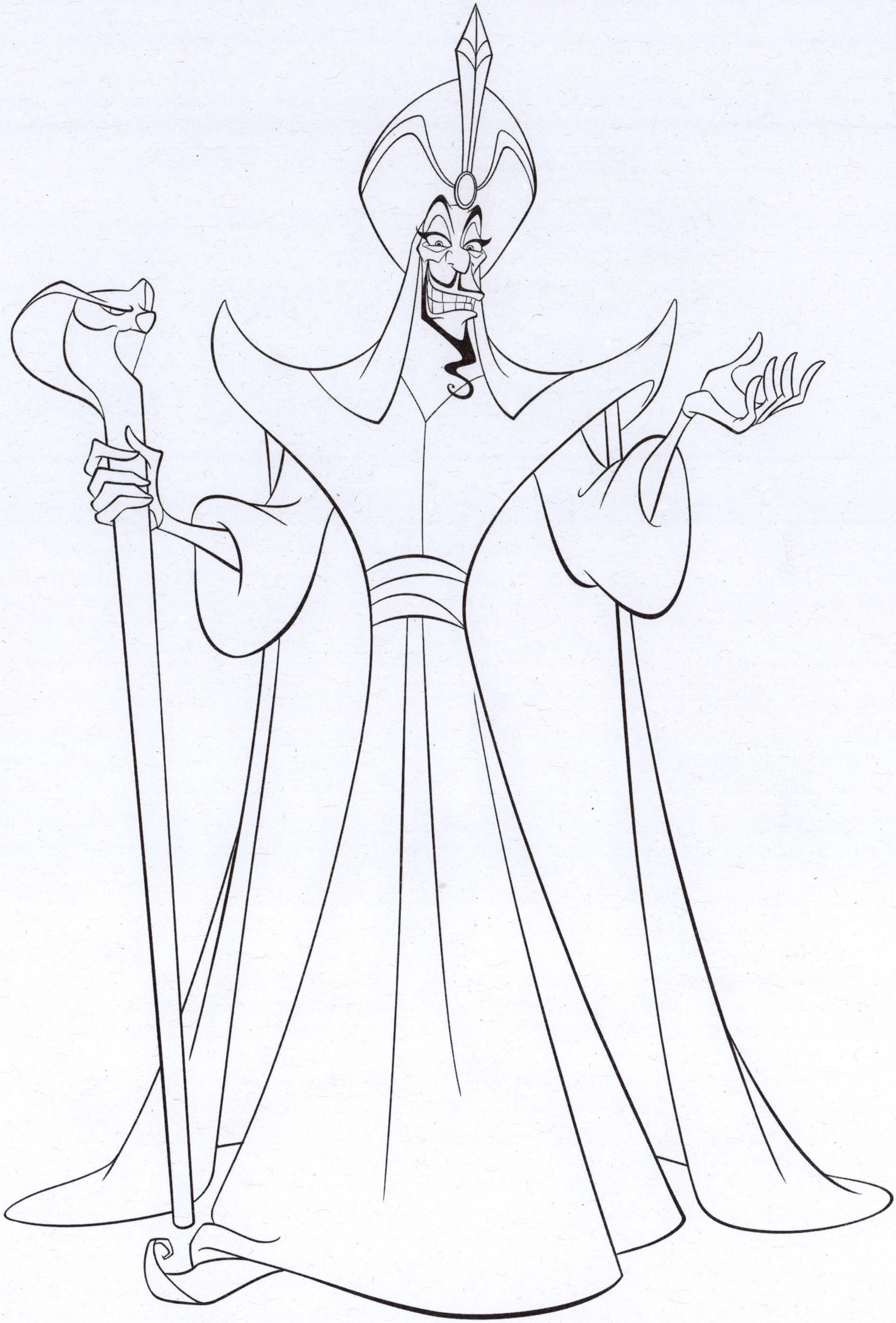

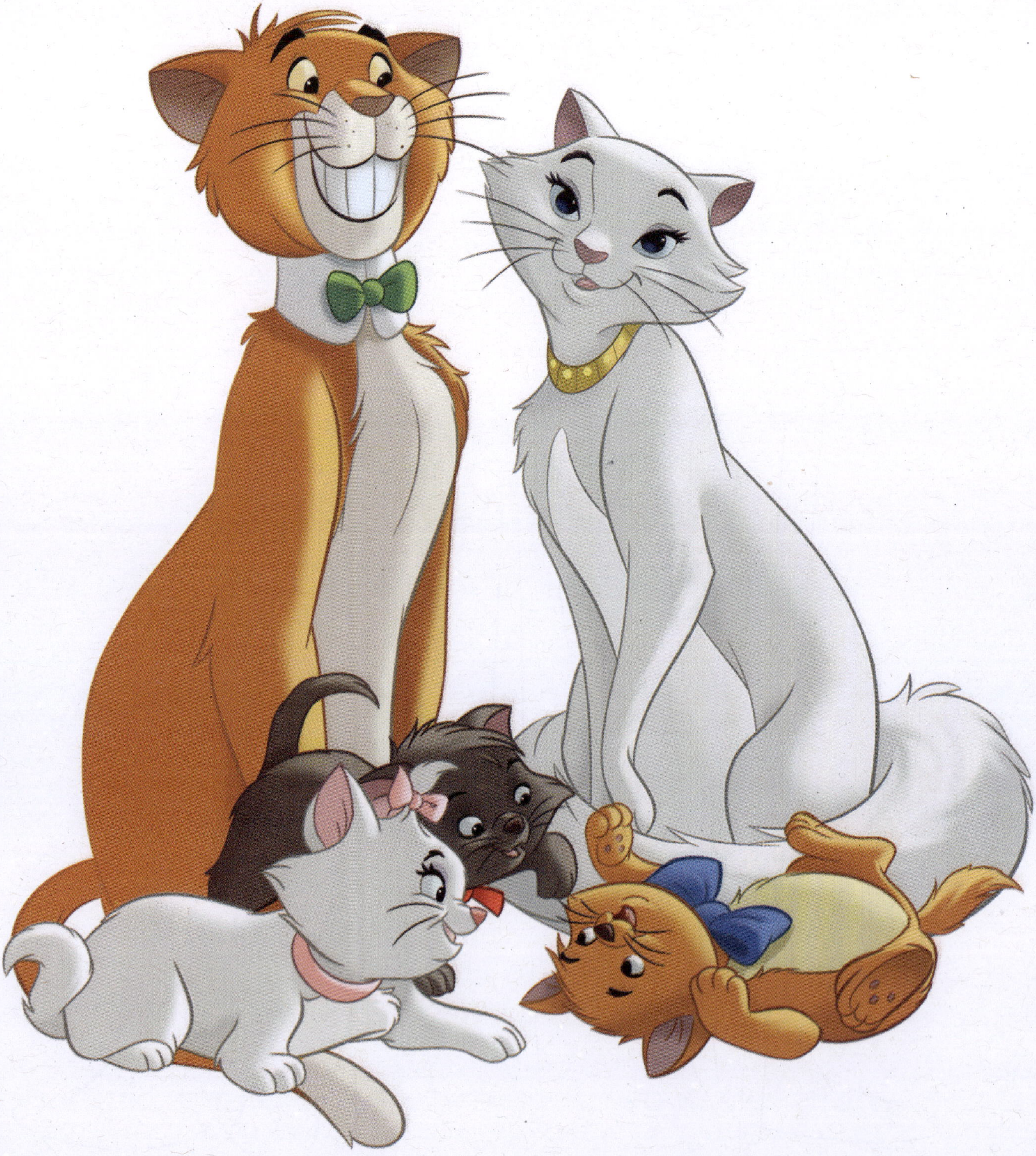

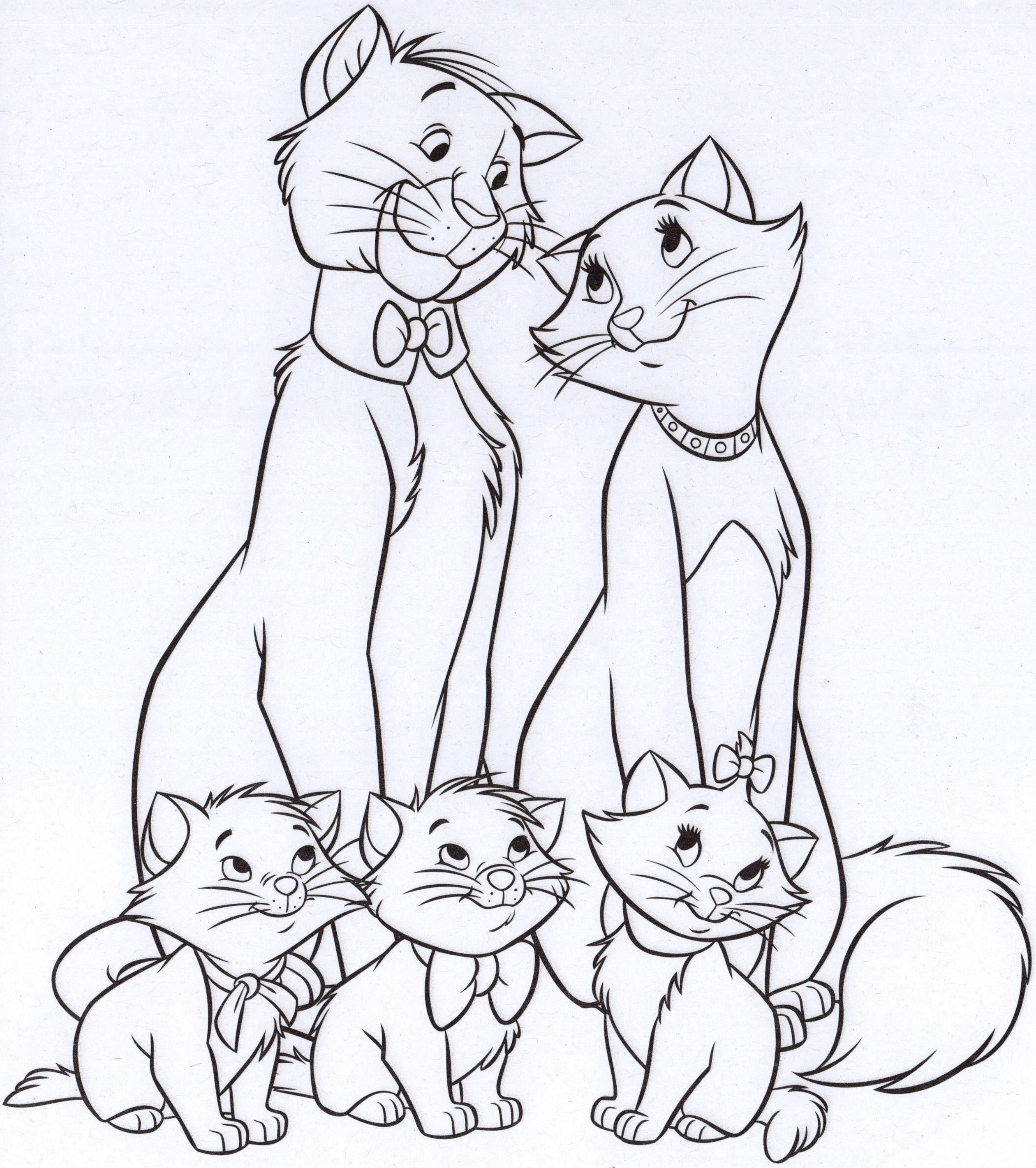

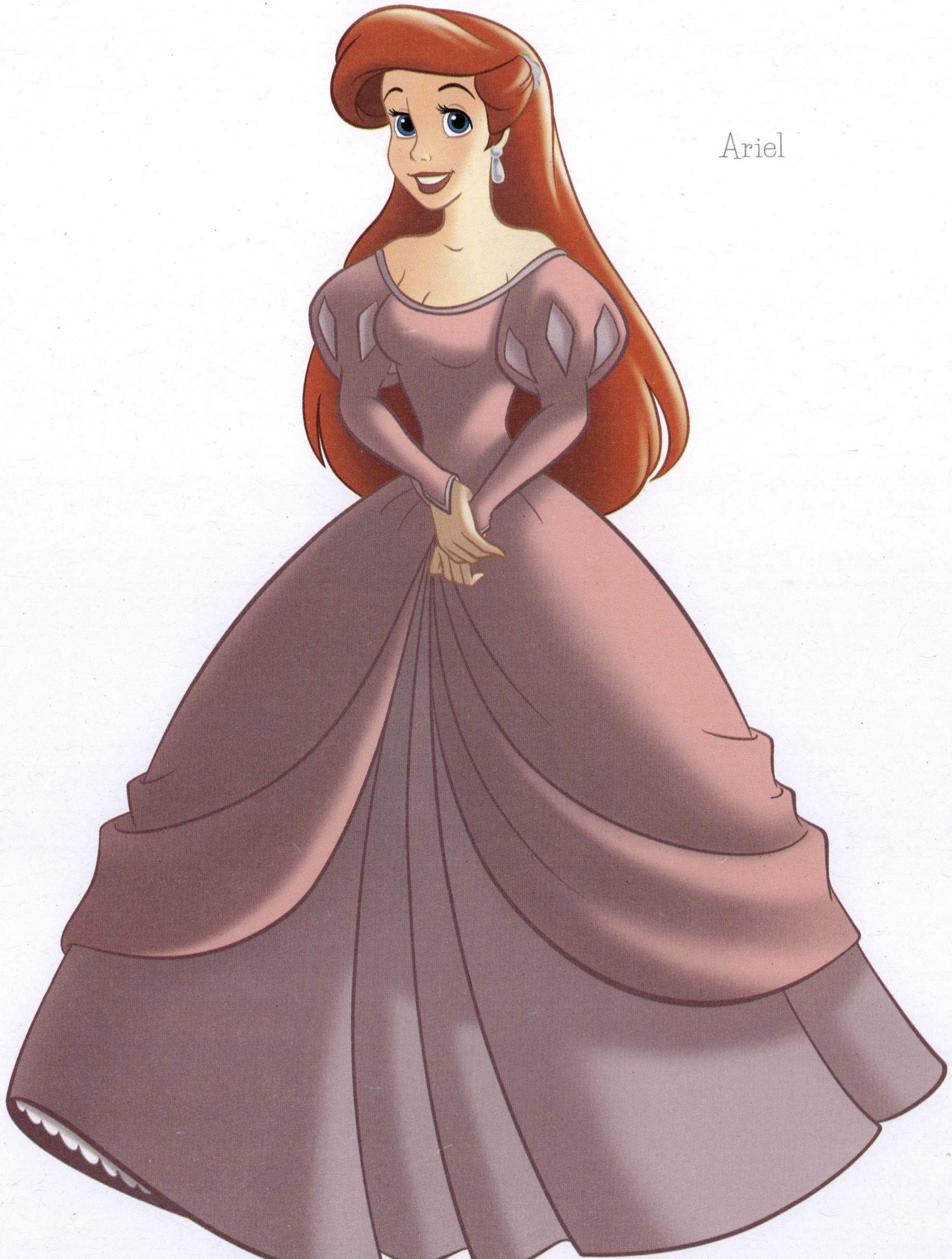
Ariel

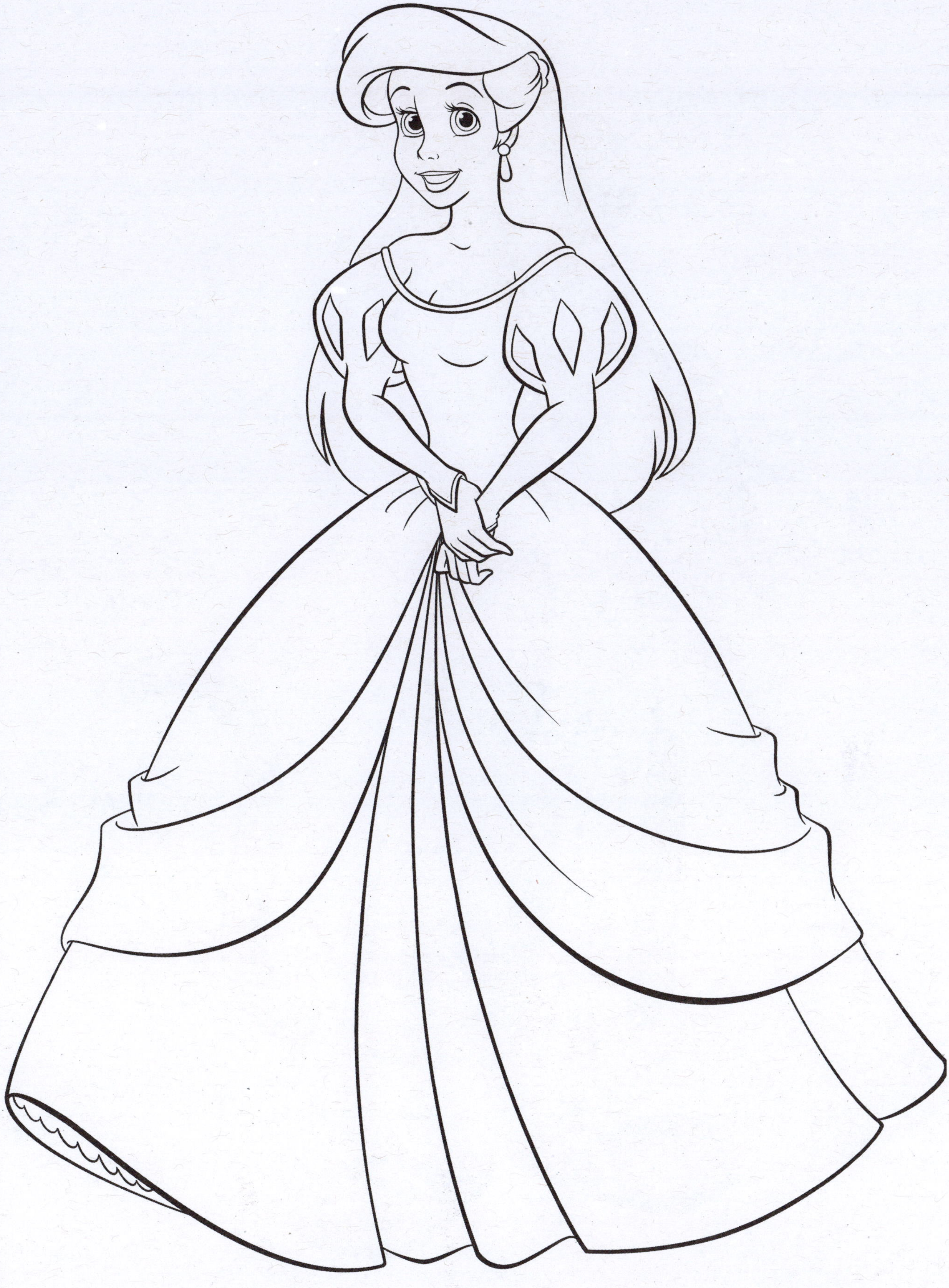

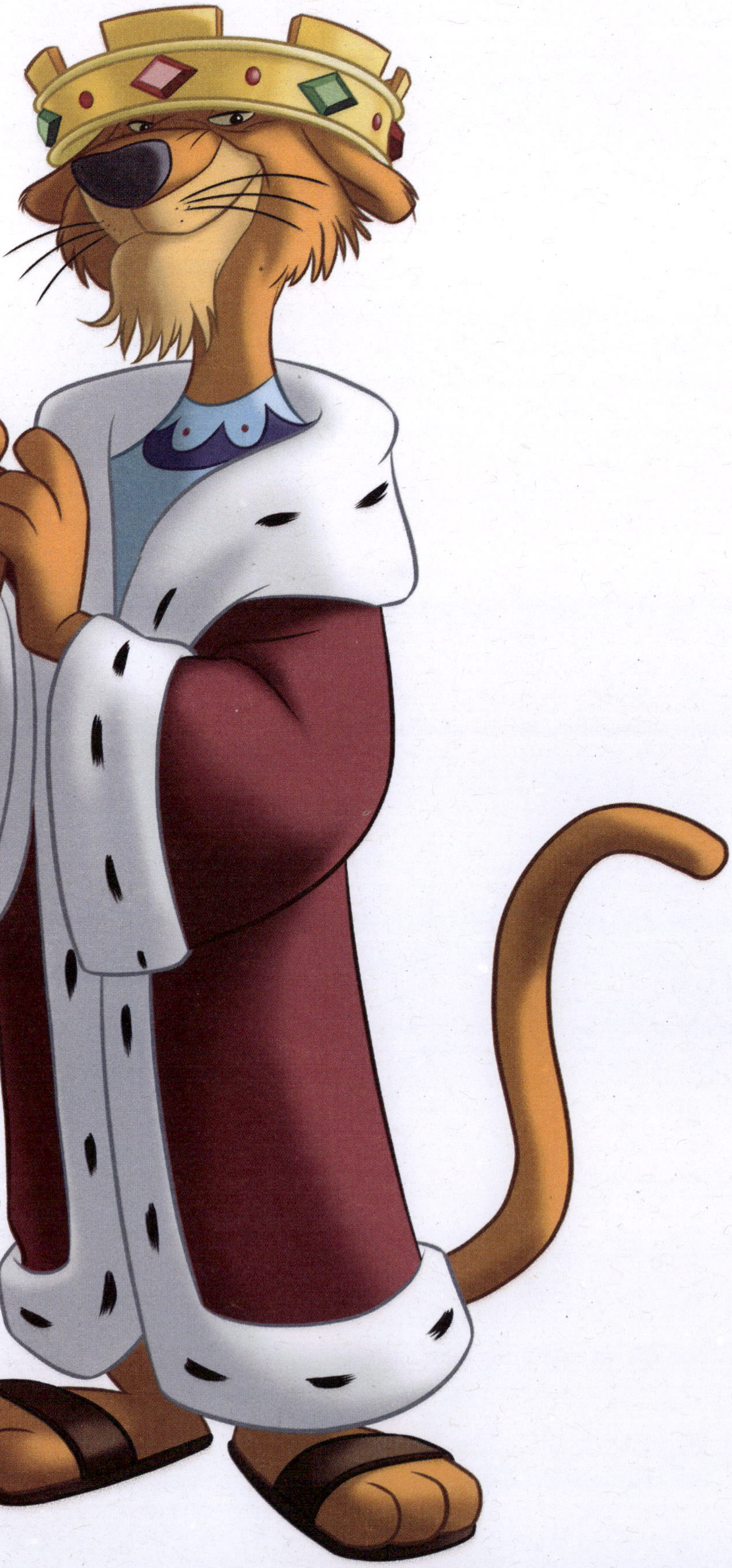

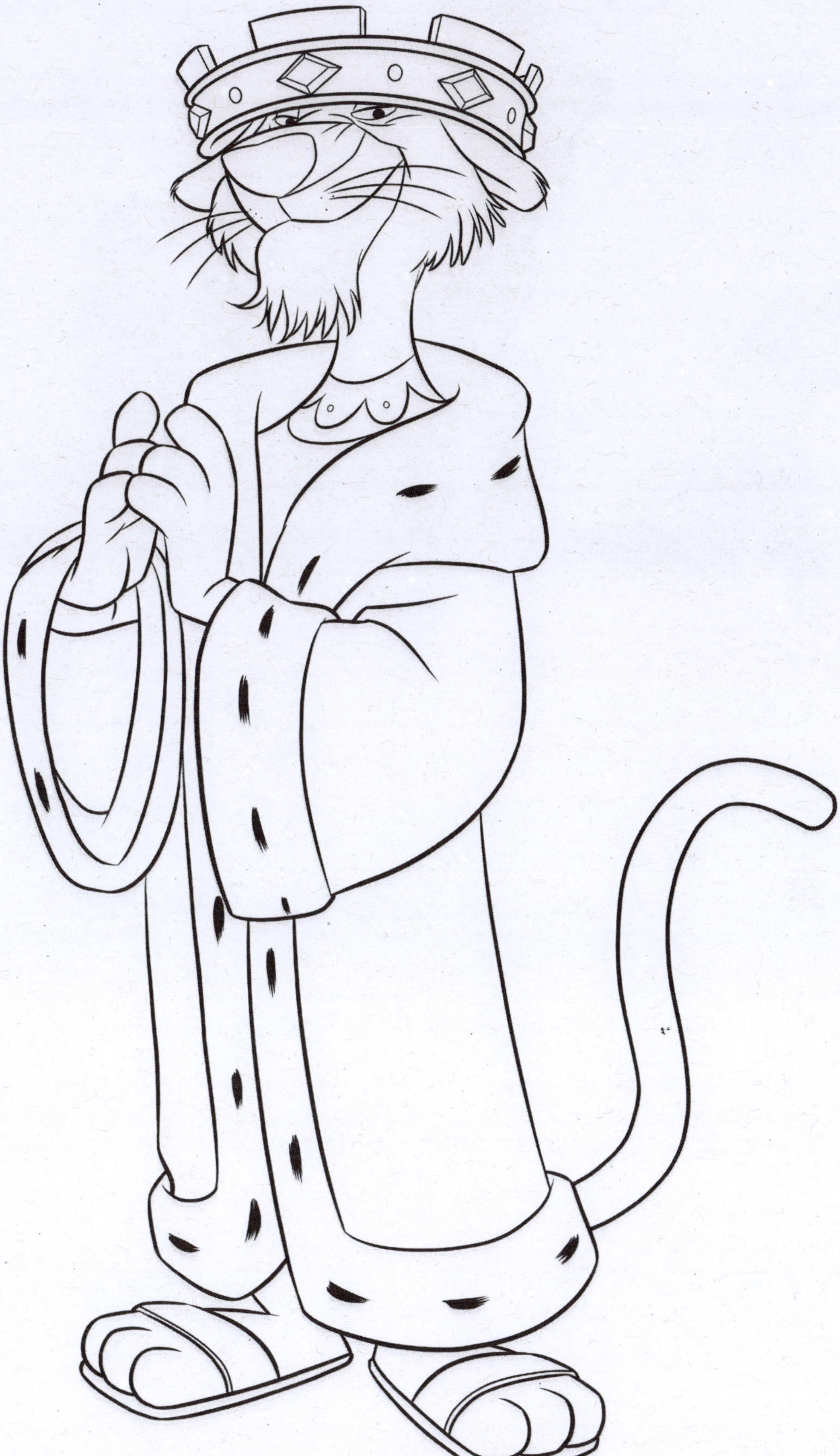

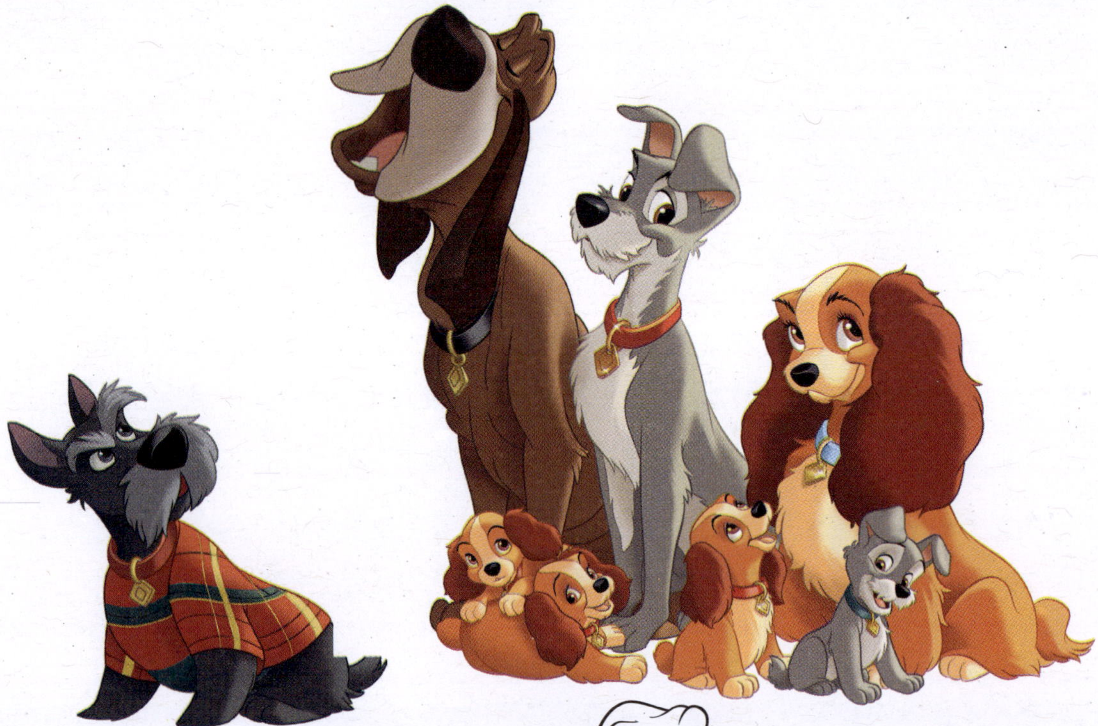

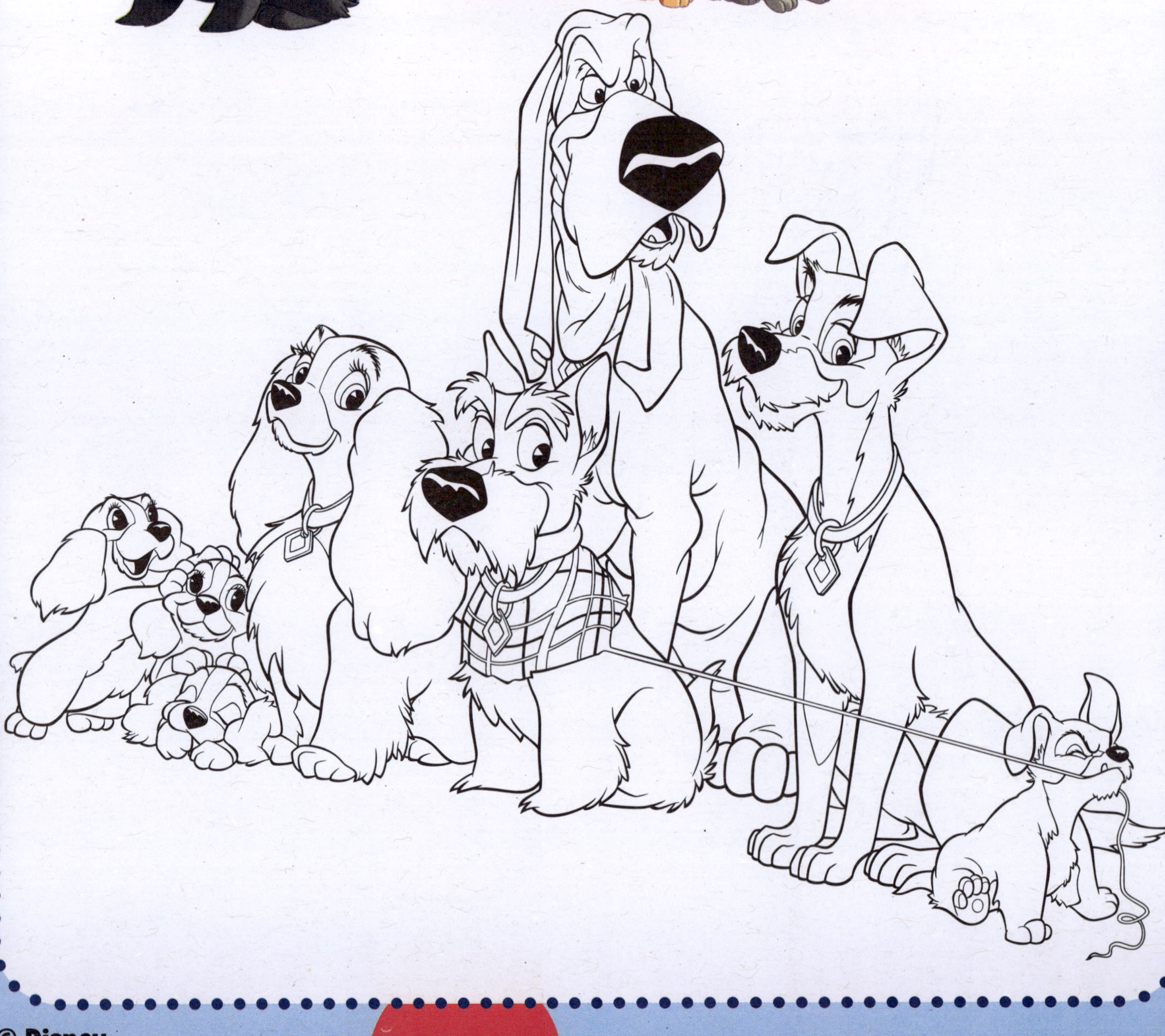